Provence-Alpes-Côte d'Azur

par Jean Malburet

Les Editions Comex

Symboles

Sites, monuments, musées — Nos coups de cœur

A ne pas manquer

Suivez le guide ! Idées de promenades et visites hors des sentiers battus

Hôtels

- Très grand luxe
- Grand luxe, très confortable
- Bon confort
- Simple et confortable

Restaurants

- Très bonne table. Prix élevés
- Bonne table. Prix abordables
- Table simple. Bon marché

Titres de la collection : Afrique du Sud, Amsterdam, Andalousie, Autriche, Baléares, Barcelone, Belgique, Berlin/Munich/Bavière, Birmanie (Myanmar), Brésil, Budapest, Cambodge/Laos, Canada, Canaries, Caraïbes, Chine, Corse, Crète, Croatie, Cuba, Ecosse, Egypte, Espagne, Etats-Unis Est, Etats-Unis Ouest, Florence et Toscane, Floride/Louisiane/Texas et Bahamas, Grèce et les îles, Inde du Nord/Népal, Indonésie, Irlande, Israël, Italie du Nord, Italie du Sud, Kenya/Tanzanie/Zanzibar, Lisbonne, Londres, Madagascar, Madère et les Açores, Malte, Maroc, Mexique et Guatemala, Moscou et Saint-Pétersbourg, New York, Norvège, Océan Indien, Paris, Portugal, Prague, Provence-Alpes-Côte d'Azur, République dominicaine, Rome, Sardaigne, Sénégal, Sicile, Sri Lanka/Maldives, Syrie/Jordanie/Liban, Tahiti et Polynésie française, Thaïlande, Tunisie, Turquie, Venise, Vienne, Vietnam...

Crédit photos : A. Lorgnier, C. Baile, Jean-Loup Charmet, Jean Malburet, Gilles Martin Rajet, office du tourisme et des Congrès de Nice, Jean Reyes, Jean-Luc Seille/Conseil général du Vaucluse, Marc Carpentier/office du tourisme de Sisteron, Charly Baile/mairie de Gap.
Affiches : Droits réservés. **Cartographie :** GEOgraphisme, Les Editions Comex.

88, boulevard de Charonne, 75020 Paris – Tél. : 01 55 25 49 90 – Fax : 01 55 25 49 99
E-mail : mondeos@mondeos.com – Internet : www.mondeos@mondeos.com

Dépôt légal : 1er trimestre 2002
ISSN : 1279-7898
Imprimé dans la CEE - N° 4528

Sommaire

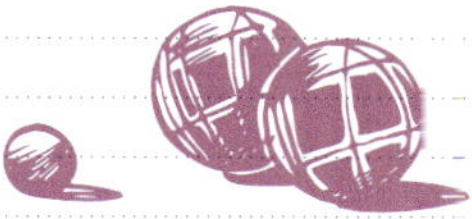

Bèn-vengudo en Prouvènço !

Bienvenue en Provence !

La France du bon-vivre. Qui ne rêve de venir s'y poser un jour ? Peut-être la Provence ressemble-t-elle un peu à l'Eden ? Allez savoir !

A l'abri d'une treille presque centenaire, dont les rameaux feuillus dispensent une ombre délicate, on ne refait pas le monde. On le partage. On « blague ». On bavarde, quoi. On est si bien… La chaleur décline, juste tempérée par un petit souffle qui colporte le refrain des cigales : *lou soulèou mi fa canta.*

Si, à l'angle du mas, vous avez vu un cyprès droit comme une flamme, c'est que l'hôte des lieux a tenu à vous souhaiter la bienvenue. Ici, le sens de l'accueil a ses règles. La coquetterie n'est pas un artifice. Elle fait partie du paysage. Tout comme la générosité. On ne lésine pas sur la couleur. Ni sur la lumière. Ni sur les paroles. Tiens, les fleurs et les odeurs ! Pourquoi sont-elles si nombreuses ? Pour vous plaire, mon ami ! Pour vous montrer qu'en Provence on ne calcule pas. Regardez la garrigue ! Elle embaume. Le vin, il ne compte pas ses degrés. La mer, elle vous donne son horizon. La Provence est si brave, comme on dit, qu'elle a livré quelques-uns de ses plus beaux endroits aux bétonneurs insatiables. Heureusement, il reste encore des coins préservés. Regardez-les bien, sans les changer.

Et si, quelquefois, vous trouvez que j'exagère, que les gens ne sont pas aussi accueillants et que leur rencontre ressemble à un soufflet du mistral, excusez-les, *peuchère,* c'est qu'ils ont oublié d'être provençaux !

Partir

Voyagez passionnément avec PRIMATOUR...

Partir, vous évader avec PRIMATOUR, c'est l'assurance de passer des moments chaleureux et conviviaux dans nos résidences hôtelières.

Hôtel Le Vendôme à Menton

Au pays où fleurissent l'oranger et le citronnier, venez comme des princes de la Belle Epoque, profiter de la douceur de vivre et du soleil qui illumine la baie de Menton près de trois cents jours par an.

Vous apprécierez l'incomparable beauté du bord de mer, l'exceptionnelle situation du *Vendôme*, l'ambiance du vieux port et du marché couvert aux milles senteurs, la flore exceptionnelle des parcs et des jardins exotiques.

Savourez la douceur du Sud.
A quelques pas de la plage et du quartier commerçant du vieux Menton, *le Vendôme* bénéficie d'une vue privilégiée sur la baie, que vous découvrirez depuis ses larges terrasses panoramiques.
Entre mer et montagne, les amoureux de la Riviera apprécieront l'ambiance feutrée et l'efficacité discrète d'un service attentionné.

Le domaine de Mousquety

Provence, terre de soleil !
Ici, votre regard embrasse des paysages tantôt sauvages, tantôt sculptés par des hommes amoureux de leur terre, et vous vous émerveillerez, comme Pétrarque, du superbe panorama du sommet du Ventoux...
Dépensez-vous au cours d'une randonnée dans les ocres de Roussillon...
Réjouissez-vous du bruissement des fontaines, ou du vent qui agite les cyprès et les lavandes. Délectez-vous des fruits gorgés de soleil... Etonnez-vous de la saveur des olives et de la truffe, dégustez un Châteauneuf-du-pape...
Bienvenue au cœur de ce Domaine « 100 % nature », dans un parc de 22 hectares, traversé par les eaux cristallines de la Sorgue.
Les chambres de l'hôtel et les bungalows regroupés en hameaux de petites maisons provençales vous offrent la tranquillité et la quiétude de la pleine nature.
Salons, bibliothèque, bar, salle de spectacle, discothèque.
Piscine, tennis, terrain de pétanque, volley, étangs de pêche, animations, spectacles. Mini-club et ado-club l'été. salon de coiffure, esthéticienne kinésithérapeute.
Equitation, golf...

Avant de partir

La saison idéale pour voyager

Réputées pour leurs étés chauds et secs, la Provence et la Côte d'Azur recueillent leur plus grand succès **entre les mois de juin et de septembre.** Cette période est idéale pour tous ceux qui aiment la chaleur et recherchent soleil et plaisirs de la mer. Toutefois, cette région a connu ses premiers vrais succès touristiques en hiver. **C'est là que la température y est la plus douce de France et la lumière particulièrement vive.** Cette époque, même si les journées sont plus courtes, est très appréciée par ceux qui aiment partir à la découverte, en dehors des moments d'afflux touristique. L'automne et le printemps, souvent plus humides, peuvent également avoir leur charme, les années de faible pluviométrie.

➤ Tableau des températures en °C (min./max.)

	janv.	févr.	mars	avril	mai	juin	juill.	août	sept.	oct.	nov.	déc.
Nice	5/13	6/13	7/15	10/17	13/20	17/24	19/27	19/27	17/25	13/21	9/16	6/14
Toulon	5/12	6/13	8/15	10/17	13/20	16/24	19/27	19/27	17/25	13/20	9/16	7/13
Aix	0/11	1/12	3/15	6/17	9/22	13/26	15/29	15/29	13/25	9/23	4/15	0/11
Avignon	2/10	3/11	4/14	7/18	11/22	14/26	16/29	16/28	13/25	9/20	5/14	2/9
Manosque	0/8	1/11	3/14	5/17	9/21	12/25	15/29	14/29	12/24	8/19	3/13	0/9
Marseille	2/11	4/12	4/15	8/17	11/20	14/24	16/28	15/29	13/25	12/21	5/15	2/12

➤ Nombre de jours de pluies

janv.	févr.	mars	avril	mai	juin
7	6	6	7	6	4
juill.	**août**	**sept.**	**oct.**	**nov.**	**déc.**
2	3	5	7	8	7

➤ Moyenne quotidienne du nombre d'heures d'ensoleillement

janv.	févr.	mars	avril	mai	juin
5	6	6	8	8	9
juill.	**août**	**sept.**	**oct.**	**nov.**	**déc.**
11	10	8	6	4	4

Boucler sa valise

Selon la saison, le contenu de la valise est différent. **En été,** les vêtements doivent être légers. Prévoir un sweat-shirt pour les soirées, parfois fraîches, notamment en montagne et, bien sûr, maillots de bain, chapeau, sandales, lunettes de soleil et crème solaire.

Au printemps et à l'automne, des vêtements de demi-saison, un blouson imperméable et des chaussures confortables sont conseillés.

En hiver, vêtements chauds et imperméable sont indispensables.

Santé

Aucune vaccination particulière n'est nécessaire. Il est conseillé, sauf en hiver, d'emporter une protection antimoustique. Pour traiter les symptômes de diarrhées aiguës, prévoir un antidiarrhéique tel que *Ercéstop,* qui permettra, en complément d'un régime réhydratant, d'éliminer rapidement la gêne occasionnée. Pour apaiser piqûres d'ortie ou d'insectes et coups de soleil, appliquer une crème appropriée, comme *Mitocortyl,* qui viendra à bout des démangeaisons gênantes. Enfin, contre le mal des transports (en bateau, voiture, autocar et avion), mieux vaut anticiper et prendre avec soi un médicament antinauséeux et antivomissement, tel que la *Nautamine.*

Devise, change et budget vacances

La monnaie utilisée est l'Euro.

Les banques disposent presque toujours d'un service de change. Les bureaux de change sont en général ouverts de 8 h 30 à 18 h.

Les distributeurs de billets acceptent les principales cartes bancaires, qui sont valables pour régler notes d'hôtels, de restaurants, d'essence ou achats dans les magasins, en ville et dans les villages touristiques.

Les musées et les sites sont, pour la plupart, payants.

Pour établir son budget vacances, il faut compter qu'une chambre double, dans un hôtel deux étoiles, coûte de 45,80 à 61 € ; dans un hôtel trois étoiles, de 76,30 à 122,10 € ; dans un hôtel quatre étoiles, au-delà de 120 €. Un repas dans un bon restaurant peut aller de 22,90 à 45,80 €.

Suggestions d'itinéraires

La région se prête parfaitement à l'organisation de circuits à thèmes de une ou de plusieurs journées.

➤ La route des peintres et des vignobles en 7 jours

Après une matinée et le déjeuner à **Avignon,** la première journée *(58 km)* conduit à **Vaison-la-Romaine,** avec une halte dans une cave productrice de muscat, à **Beaumes-de-Venise.**

Le deuxième jour *(44 km)* est consacré à la visite de Vaison et au **vignoble des Côtes-du-Rhône,** en passant par

Séguret, Gigondas, Vacqueyras et Châteauneuf-du-Pape.

Le troisième jour *(88 km)* permet de découvrir successivement **Arles,** sur les traces de Van Gogh, **Saint-Rémy-de-Provence** et **les Baux-de-Provence.**

Le quatrième jour *(71 km),* direction **Aix-en-Provence** pour évoquer Cézanne et visiter une cave des côteaux-d'aix.

Le cinquième jour *(79 km)* est destiné aux **vignobles de Cassis et de Bandol.**

Le sixième jour *(172 km)* est réservé au **Var** et aux **côtes de Provence,** avec étapes à Cotignac, à l'abbaye du Thoronet, à Draguignan et à Saint-Tropez.

Enfin, le dernier jour *(134 km),* après une visite du musée de l'Annonciade, à Saint-Tropez, on rejoint **Marseille.**

> La route de la lavande en 3 jours

Cet itinéraire dans l'arrière-pays conduit successivement **de Moustiers-Sainte-Marie à Manosque,** par Riez et Valensole *(50 km),* puis **de Manosque à Forcalquier** *(46 km)* et enfin **de Forcalquier à Carpentras,** par Simiane-la-Rotonde et Sault *(100,5 km).*

> La route des Alpilles en 2 jours

Cet itinéraire de 100 km est un excellent moyen de découvrir **le pays de Frédéric Mistral.** Le départ peut se faire d'**Avignon,** en direction de **Saint-Rémy-de-Provence,** par **Maillane,** où l'on peut s'arrêter au musée Frédéric-Mistral. Après une promenade dans le village et la découverte du site de **Glanum,** la route conduit aux **Baux-de-Provence** par le « Val d'Enfer », à travers les Alpilles. Aux Baux, il faut visiter l'église, la citadelle et passer une nuit. Ensuite, direction **Arles,** en passant par **Fontvieille,** où une halte s'impose au moulin de Daudet. Arles est suffisamment riche, avec ses monuments antiques et la fondation Van-Gogh, pour occuper l'essentiel de la deuxième journée, avant le retour vers Avignon, par Tarascon et la Montagnette.

> La route des céramistes en 1 jour

Un circuit d'environ 80 km est conseillé dans **les Alpes-Maritimes,** où les potiers et les céramistes sont très nombreux, entre Vallauris et Menton, en passant par Biot et Eze. Cet iti-

La Sainte-Baume : une des montagnes sacrées à ne pas manquer.

néraire peut être enrichi par la visite d'autres villages proches, où l'on trouve également des ateliers de céramique.

➤ Les montagnes sacrées en 1 jour

Cet itinéraire d'une petite centaine de kilomètres conduit **d'Aix à Toulon, par la Sainte-Victoire et la Sainte-Baume** avec les étapes successives du **Tholonet,** de **Roquevaire** et d'**Aubagne.** Le déjeuner peut être pris à **Gémenos.** L'après-midi, un arrêt est possible au parc de **Saint-Pons** au pied de la Sainte-Baume, puis à **Cuges-les-Pins,** avant **Le Castellet** et l'arrivée sur Toulon.

Documentation

(Librairies de voyages)

➤ A Paris

Nouveau Quartier Latin,
78, bd Saint-Michel, 75006 Paris, tél. : 01 43 26 42 70. Un très riche rayon tourisme : livres, cartes et guides en français et en anglais. Une bonne adresse pour les voyageurs éclairés.

Ulysse pays et voyages,
26, rue Saint-Louis-en-l'Ile, 75004 Paris, tél. : 01 43 25 17 35.

L'Harmattan,
16, rue des Ecoles, 75005 Paris, tél. : 01 40 46 79 10.

A consulter également, les espaces librairie des magasins **Fnac** et **Virgin Megastore.**

➤ En province

La Proue,
9, quai Jules-Courmont, 69002 Lyon, tél. : 04 78 42 27 18.

Book'1,
17, rue de la Monnaie, 59009 Lille, tél. : 03 20 74 10 10. Une solide réputation et un grand choix dans la spécialité.

➤ Cartes routières

Michelin 245, IGN 60, 61, 67, 68.

La Provence-Alpes Côte d'Azur à Paris

Le Rideau de Paris,
32, rue du Bac, 75007 Paris, tél. : 01 42 61 18 56. Broderies provençales.

La Provence de Sophie,
38, av. Victor-Hugo,, 75116 Paris, tél. : 01 45 00 31 31. Confiseries, chocolateries.

➤ Restaurant

(notre sélection coup de cœur)

La Bastide Odéon,
7, rue Corneille, 75006 Paris, tél. : 01 43 26 03 65. Le soleil est dans l'assiette, avec les parfums de la cuisine provençale : tapenade, huile d'olive, tomates, pieds et paquets d'agneau, poêlée de rascasse et vins du Midi.

Le B.a.-ba de l'ABC

Achats et artisanat

Du fait de son ancienne vocation touristique très affirmée, la région possède d'innombrables magasins. On trouve aussi bien des produits représentatifs de la Provence (miel, huile d'olive, herbes, douceurs régionales, tels que nougat, calissons, berlingots, fruits confits…), que des souvenirs pour tous les goûts et toutes les bourses. **L'artisanat y est très actif.** Tous les niveaux de qualité et d'authenticité sont représentés. On retiendra, toutefois, que **l'artisanat traditionnel — céramique, tissus, cuir et verre — est encore bien vivant.** Les marchés sont également des lieux bien approvisionnés.

Cabanon

La Provence est un pays de cabanons. On les remarque aussi bien dans les champs de vignes éloignés des villages, où ils servaient d'abris pour les agriculteurs et de remises à outils, qu'**en bord de mer, où ils étaient utilisés par les familles populaires, qui venaient y passer le dimanche.**
De nos jours, ils sont souvent abandonnés ou transformés en minirésidences de vacances.

L'authentique savon de Marseille doit comporter 72% d'huile.

Calanque

L'un des grands charmes de la côte méditerranéenne, entre les Bouches-du-Rhône et l'Italie, est son aspect très découpé. Bien souvent, promontoires rocheux et criques se succèdent pour ne laisser que quelques espaces aux plages, dans les baies les plus larges. **Dans les Bouches-du-Rhône, jusqu'aux limites du Var, la**

côte calcaire est entaillée profondément par endroits. La mer pénètre à l'intérieur du massif, en longues langues vertes qui rappellent un peu les fjords de Scandinavie. Ce sont les fameuses calanques, souvent difficilement accessibles, mais où les grimpeurs aiment à se donner rendez-vous, pour affronter les parois rocheuses surplombant la mer.

Cuisine et boissons

La gastronomie méridionale est une des cuisines françaises **les plus séduisantes, les plus saines et les plus faciles à réaliser.** Avec ses parfums d'huile d'olive, d'herbes, d'ail, ses légumes d'été (tomates, poivrons, courgettes, aubergines...), ses viandes grillées ou en sauce, ses poissons de roche, en soupes ou en marmite, **elle est parfaitement adaptée aux vacances** et à une bonne digestion.
Les vins y sont nombreux, depuis les plus capiteux, les plus parfumés, jusqu'aux plus légers et rafraîchissants.

Electricité

Le miel de lavande : une douceur bien provençale !

Comme sur tout le territoire national, on utilise exclusivement le 220 V. Les prises électriques sont à deux broches rondes.

Hébergement

Tous les types d'hébergements sont possibles, depuis les hotels grand luxe, rendus célèbres par le cinéma et la notoriété de leur clientèle, jusqu'aux petits hôtels familiaux, aux gîtes, surtout dans l'arrière-pays, et aux campings, en très grand nombre sur le littoral, mais aussi dans l'intérieur. La formule de la location de meublés est également très appréciée.

Heure

L'heure est celle du méridien de Greenwich, plus une heure. A l'exemple de la Communauté européenne, on applique l'heure d'été (+ 1) entre le dernier week-end de mars et le dernier week-end d'octobre.

Horaires d'ouverture

Les horaires d'ouverture sont sensiblement les mêmes qu'ailleurs en France. Toutefois, **l'été est favorable,** dans les stations touristiques, **à des ouvertures plus tardives le soir,** en particulier pour ce qui concerne les grandes surfaces. Dans les villes, il arrive que les magasins et la Poste appliquent la journée continue. En revanche, dans les villages, il n'est pas rare que les commerces respectent une coupure entre midi et 16 h.
Les banques sont en général ouvertes de 8 h 30 à 12 h et de 14 h 30 à 16 h, du lundi au vendredi.

Les musées sont généralement fermés le mardi.

Informations touristiques

Les villes et les villages disposent tous d'un office du tourisme ou d'un syndicat d'initiative, qui proposent une documentation en français, en anglais et en allemand. La région et les différents départements sont dotés de comités du tourisme :

C.R.T. PACA : *Les Docks, 10, place de la Joliette, Atrium 10.5, BP 4624, 13567 Marseille Cedex 02, tél. : 04 91 56 47 00 ; e-mail : crtprov@wanadoo.fr.*

C.R.T. Riviera-Côte d'Azur : *55, promenade des Anglais, BP 1602, 06011 Nice Cedex, tél. : 04 93 37 78 78.*

C.D.T. des Alpes-de-Haute-Provence : *19, rue du Docteur-Honorat, BP 170, 04005 Digne-les-Bains, tél. : 04 92 32 24 94.*

C.D.T. des Bouches-du-Rhône : *Le Montesquieu, 13, rue Roux-de-Brignoles, 13006 Marseille, tél. : 04 91 13 84 13.*

C.D.T. des Hautes-Alpes : *Immeuble le Relais, BP 46, 8 bis, rue du Capitaine-de-Bresson, 05002 Gap Cedex.*

C.D.T. du Var : *1, bd de Strasbourg, BP 5147, 83093 Toulon, tél. : 04 94 18 59 60.*

Mas traditionnel camarguais.

C.D.T. du Vaucluse : *Palais de l'Ancien-Archevêché, 12, rue du Collège-de-la-Croix, 84008, Avignon Cedex 1, tél. : 04 90 80 47 00.*

Jours fériés

Les jours fériés légaux sont **au nombre de 11** et comprennent : jour de l'an, lundi de Pâques, 1er mai, 8 mai, jeudi de l'Ascension, lundi de Pentecôte, 14 juillet, 15 août, 1er novembre, 11 novembre, et 25 décembre. Il arrive que s'y ajoutent des fêtes locales, telles que la célébration du saint patron local.

Langue

Malgré le félibrige et les écoles qui l'enseignent, **le provençal est en perte de vitesse.** Seuls quelques anciens le parlent encore couramment. Mais cette langue née de l'occitan, où l'on retrouve des influences italiennes, est suffisamment présente et vivante pour mâtiner le français du Midi de nombreuses expressions et de mots qui amusent tant les visiteurs.

Médias

La région compte quatre quotidiens principaux : *La Provence, La Marseillaise, Var-Matin, Nice-Matin. Radio-France* diffuse des programmes régionaux. La télévision nationale est également représentée par les programmes régionaux de *France 3.*

Photos/films

La région se prête parfaitement à la photographie. **La**

lumière et les couleurs vives favorisent l'utilisation de films relativement peu sensibles, qui offrent une meilleure définition et des couleurs éclatantes. **Par beau temps, des films à 100 ASA sont suffisants.** Par temps gris ou pour des photos à l'ombre, il est préférable de choisir des films à 200, voire 400 ASA.

Poste et communications

Les timbres sont vendus dans les agences de La Poste et dans les bureaux de tabac. L'affranchissement d'une lettre pour la France et l'Europe coûte 0,46 €.

Pour téléphoner vers l'étranger, il faut précéder l'indicatif du pays choisi de 00. **La plupart des cabines téléphoniques n'acceptent que les télécartes, en vente dans les bureaux de poste et les bureaux de tabac.** Les renseignements téléphoniques s'obtiennent en composant, pour la France, le 12 et, pour l'étranger, le 00 33 12 suivi de l'indicatif du pays choisi.

Pour communiquer sur la Toile, la plupart des grandes villes disposent d'espaces ou de cafés adaptés.

Pourboires

Il est d'usage de laisser un pourboire d'environ 10% au café, au restaurant, à l'hôtel et pour les taxis.

Sécurité

Il est conseillé de ne jamais oublier ses papiers d'identité, de ne rien laisser de visible dans sa voiture et de faire en général attention sur les marchés et dans les espaces très fréquentés.

Les numéros d'appels d'urgence sont les suivants : SAMU : *15*, police : *17*, pompiers : *18*, SOS voyageurs : *04 91 62 12 80*.

Soleil

Une peau encore plus bronzée, oui !... Mais en toute sécurité ! Un mois à quinze jours avant le départ, préparez efficacement votre peau avec un complément nutritionnel aux caroténoïdes et à la vitamine E, tel que *Phytobronz*. Accélérant le bronzage, tout en minimisant les effets néfastes du soleil, il prolonge même le hâle une fois les vacances terminées ! Lors des expositions, n'oubliez pas les précautions d'usage : une crème à l'indice de protection élevé, des lunettes anti-UV, un chapeau ou une casquette.

Sports

Sur le littoral, **les sports liés à la mer et au nautisme** ont la vedette.

Les massifs rocheux et les falaises de la côte sont des domaines appréciés pour **l'escalade** et même pour **la spéléologie. Les sports d'eau vive** sont très prisés sur certains cours d'eau de l'intérieur. **Le golf, les sports équestres, le tennis, le cyclisme** sont partout possibles. L'hiver, les Alpes du Sud offrent des domaines bien enneigés et ensoleillés aux amateurs de **sports d'hiver.** Les sports aériens, **vol libre,**

Le mistral est le meilleur ami des véliplanchistes.

vol à voile, sont également proposés à plusieurs endroits.

Tissu provençal

La Provence est une région de tissus. Cette vocation lui est venue par l'intermédiaire de ses ports, tout spécialement celui de Marseille. Bien que la filature ne soit pas une activité traditionnelle, **indiennes et cotonnades imprimées** sont devenues une spécialité, tout comme les toiles de coton matelassées ou piquées, ou les broderies embouties, qui, sous le vocable de *broderie de Marseille,* combinent broderie et rembourrage, entre deux piqûres, à l'aide d'une aiguille souple, appelée *boutis.*

Transports intérieurs

Outre **les trains régionaux,** qui relient les principales villes de la côte et de l'intérieur, il existe des **liaisons par autocars.** Un guide des transports intrarégionaux, avec les horaires et les parcours des trains et autocars régionaux, est à disposition sur demande auprès du Service des transports du conseil régional PACA : *27, place Jules-Guesde, 13481 Marseille Cedex 20, tél. : 04 91 46 64 64.*

La location de voitures est possible auprès de tous les grands loueurs : *Avis, Hertz, Budget, Europcar...* Les conducteurs doivent connaître les limitations de vitesse :

- En ville : 50 km/h
- Sur route : 90 km/h
- Sur voie rapide : 110 km/h
- Sur autoroute : 130 km/h.

Le port de la ceinture est obligatoire pour tous les passagers.

Usages et politesse

Le premier conseil à donner à un voyageur qui se rend en Provence est de **mettre de côté tous les clichés** qui courent sur les Méridionaux et de ne pas arriver en conquérant. « *Ici,* dit-on souvent, *un homme en vaut un autre.* » On n'est pas forcément plus bavard et plus paresseux.

Il faut savoir enfin que la jovialité et la convivialité ne se confondent pas forcément avec intimité et, donc, que **l'amitié y est aussi profonde qu'ailleurs.**

Combien ça coûte ?

(Prix indicatifs)

Un café expresso	1,50 €
Une bière	2,60 €
Un croissant	0,90 €
Un sandwich	3 €
Une baguette	0,60 €
Une bouteille d'eau minérale	0,60 €
Un litre d'essence sans plomb 98	1,15 €

Une région, une histoire, des hommes

Géographie, faune et flore

Entre Rhône à l'ouest, Alpes au nord et Méditerranée au sud, **la région Provence-Alpes-Côte d'Azur est avant tout une terre maritime.** La montagne y plonge souvent abruptement. La côte, découpée, est une succession de caps et de criques. Mais elle sait aussi se noyer dans cette mer nourricière, aidée dans sa quête de l'intime par les flots du Rhône.

Dans ce **pays de soleil, de lumière et de vent,** les étés sont secs, les ciels lumineux et clairs. L'automne lui fait subir les influences océanes, avec ses dépressions humides et ses pluies torrentielles. L'homme agriculteur a façonné des paysages fragiles où les **murets de pierre sèche** servent à maintenir la terre de culture et l'homme bâtisseur a érigé des villages groupés et perchés.

Carte d'identité de la région PACA

Nom	Provence-Alpes-Côte d'Azur (PACA)
Composition	6 départements : Bouches-du-Rhône, Var, Alpes-Maritimes, Alpes-de-Haute-Provence, Vaucluse, Hautes-Alpes
Ville principale	Marseille
Superficie	31 397 km^2
Population	4 502 000 habitants
Densité	143 habitants par km^2
Nature du régime	République
Chef de l'Etat	Jacques Chirac
Langue officielle	Français
Monnaie	Euro
Religion	Majorité catholique, minorités musulmane, protestante et juive
Chômage	14% de la population active
Ressources principales	Tourisme, vin (15% de la production mondiale des Vins d'appelations contrôlées), fleurs

➤ Flore et faune

Avec quelque 2 300 plantes, la région est **la zone écologique la plus variée de France.** Elle apparaît avant tout comme la terre de l'olivier. Sa forêt est caractéristique des régions arides : chêne vert, chêne pubescent, chêne-liège, pin d'Alep et pin maritime. Dans les sous-bois vivent sangliers, écureuils, lapins, petits rongeurs et perdrix rouges.
Hors de la forêt poussent cyprès, amandiers, figuiers, châtaigniers, eucalyptus et mimosas. La montagne est le domaine du mélèze, du hêtre, du sapin, du pin sylvestre et du pin à crochet. Mouflons, chamois, marmottes, bouquetins, et, depuis peu, loups, rapaces et tétras trouvent refuge dans les espaces protégés, dont le Mercantour.
La garrigue est le domaine des chênes kermès, des chênes verts, du genévrier et de la lavande sauvage. Dans **le maquis,** plus dense, on trouve bruyères, cistes, lentisques et arbousiers, où les reptiles, les insectes et les petits oiseaux s'abritent.
Enfin, le delta du Rhône offre ses espaces aux **flamants roses** et aux oiseaux des marais, aux **chevaux** et aux **taureaux camarguais.**

Les clés du passé

De tout temps lieu de convoitises, la région a su, au fil des siècles, malgré des invasions successives, garder son identité, tout en restant ouverte aux influences extérieures, surtout celles venues de la Méditerranée.

La préhistoire

L'homme a apprécié très tôt ce lieu. Les premières traces de sa présence remontent au paléolithique, lorsqu'il occupait les cavités naturelles. On a retrouvé des outils en pierre, vieux de près d'un million d'années, dans la grotte du Vallonnet, à Roquebrune-Cap-Martin, des traces de charbon de bois calciné remontant à 600 000 ans, dans la grotte de l'Escale, à Saint-Estève-Janson, près de la Durance, et des squelettes datant de 200 000 ans, dans la grotte du Lazaret, à Nice. Les dessins de la grotte de Cosquer, découverte à Cassis en 1991, montrent que dès 20000 av. J.-C. et plus tard, au néolithique, la région était peuplée d'agriculteurs, de pasteurs et de chasseurs. Les âges du bronze et du fer, jusque vers 900 av. J.-C., correspondent à l'occupation ligure. De cette époque datent les dolmens de Draguignan (Var) ou de Saint-Cézaire (Alpes-Maritimes). Avec l'arrivée des Celtes, vers le VIIIe siècle av. J.-C., naît la civilisation celto-ligure.

L'Antiquité

Très tôt, les Phéniciens découvrent la côte ligure, mais ne s'y installent pas. Il faut attendre les navigateurs grecs pour que le territoire établisse des relations commerciales permanentes avec le reste de la Méditerranée. En 600 av. J.-C., les Phocéens fondent leur principale colonie à l'embouchure du Rhône : Massalia.

D'autres comptoirs suivront : Niké (Nice), Antipolis (Antibes), Olbia et les Stœchades (Hyères et ses îles), Tauroentum (Le Brusc)...

A l'image des Massaliotes, les riches marchands grecs, installés dans les différents comptoirs maritimes, ne s'intéressent pas à l'arrière-pays, qu'ils ne cherchent pas à coloniser, au point que Massalia ne fut jamais considérée comme la capitale du pays de Provence. Lorsque les Celtes, qui avaient fédéré les cités de la région, alliés aux Ligures, voulurent conquérir Massalia, en 125 av. J.-C., les Grecs durent faire appel à Rome.

➤ L'occupation romaine

Les légions romaines mirent trois ans à investir la région, sauf les Alpes-Maritimes, dont la soumission ne fut effective que plus tard, en l'an 8, lorsque fut érigé un trophée symbolique à La Turbie, pour sceller la formation de cette province particulière qui prit le nom de Provincia. Sa capitale fut alors Narbonne.

Tout acquise à la cause de Rome, la Provence apporte, dans les années 50, un appui non négligeable à César, pour qu'il mène à bien sa guerre des Gaules.

Marseille perd peu à peu de son importance au profit de Fréjus, où est bâti le forum Julii, qui devient la base navale des Gaules. Le consul Marius s'établit à Arles avec son armée d'Afrique.

Le meurtre de César, en 44, ne freine pas l'organisation régionale, poursuivie par Auguste, qui crée Aix, Orange, Avignon, Cavaillon, Apt, Carpentras, Vaison, Die, Digne et Riez.

De cette époque datent l'arc de triomphe et le mausolée de Glanum (Saint-Rémy-de-Provence), ainsi que les théâtres d'Arles, d'Orange et de Vaison. Les Romains développent alors un formidable réseau routier avec le prolongement de la via Aurelia, jusqu'à Fréjus, Aix et Arles, et la construction de la via Domitia, qui relie l'Italie à l'Espagne, en passant par Cavaillon, Nîmes et Béziers.

Du christianisme à l'indépendance

Le déclin de Rome coïncide avec la réorganisation administrative du territoire, qui conduit au développement d'Arles, surnommée la Rome gauloise. Après la première manifestation du christianisme au Ier siècle, se dessine la future Provence mistralienne, centrée autour du Rhône et d'Arles. La légende raconte que des disciples du Christ, Maximin, Lazare, Marie-Madeleine et Marcelle et l'Egyptienne Sarah accostèrent aux Saintes-Maries-de-la Mer à bord d'une embarcation sans voile ni rames. Lazare évangélise Marseille, Maximin prêche à Aix et Marie-Madeleine se retire dans la grotte de la Sainte-Baume. L'église primitive de Provence s'illustre essentiellement par ses moines : saint Cassien fonde l'abbaye de Saint-Victor à Marseille, saint Honorat se retire et fait bâtir un monastère dans une des îles de Lérins, au large de Cannes, à laquelle il a donné son nom.

Les côtes provençales ont été prises d'assaut lors des invasions barbares et sarrasines.

Les invasions barbares et sarrasines

Les invasions barbares (Wisigoths, Burgondes, Ostrogoths) et les opérations des armées franques tendent à aiguiser le désir d'unité et d'indépendance des autochtones. Les Arabes (Sarrasins), arrêtés par Charles Martel à Poitiers en 732, s'installent dans les Maures, autour de Saint-Tropez et de La Garde-Freinet, jusqu'à ce que Guillaume Ier, comte de Provence, aidé des Grimaldi, souverains de Monaco, ne les réduise en esclavage, en 974.

Le Moyen Age

La Provence, qui s'étend alors jusqu'à Monaco, traverse une période dominée par la féodalité laïque et ecclésiastique et marquée par d'incessantes luttes pour le pouvoir. Aux environs de l'an 1000 sont bâties de nombreuses églises romanes et des châteaux forts sont érigés sur les hauteurs : Châteauneuf (Alpes-Maritimes), Vitrolles et Tallard (Bouches-du-Rhône), Valréas et Thouzon (Vaucluse). Les principales villes obtiennent une certaine autonomie, grâce à l'institution des consulats.

Les papes à Avignon (1309-1378)

Avec l'arrivée de Clément V, fuyant Rome en 1309, Avignon devient officiellement cité papale, titre qu'elle conservera jusqu'en 1378, à la mort de Grégoire XI.

Cette période, qui a laissé dans la mémoire la trace d'une vie pontificale fastueuse, fut aussi celle où la région subit les premiers effets dévastateurs de la guerre de Cent Ans, de la peste et des mauvaises récoltes. C'est aussi celle où Nice, Puget-Théniers et Barcelonnette choisissent de rallier le comté de Savoie (1388).

Le Bon Roi René

L'époque du Bon Roi René (1434-1480), le plus populaire des comtes de Provence, est restée très vivace dans l'histoire régionale. Entouré d'une cour brillante et lettrée, il séjourne à Aix et Marseille. Il accorde de nouvelles franchises, réorganise la justice, ouvre le port de Marseille au commerce international, développe l'industrie et l'agriculture. Ainsi favorise-t-il aussi bien la culture des roses de Provins, du raisin muscat et des mûriers que l'établissement de verreries et de filatures.

Le Bon Roi René s'était entouré d'une cour brillante et lettrée.

➤ Le rattachement à la France (1486)

A la mort de Charles du Maine, l'héritier sans enfant du Roi René, le comté de Provence est rattaché définitivement à la France en 1486, à l'exception de Nice, qui ne réintégrera le giron national qu'en 1860. La Provence doit alors s'accommoder du statut de province royale, qu'elle gardera jusqu'à la Révolution.

La Provence française

Si la population locale se plie sans trop de difficultés à la domination française, les affrontements ne manquent pas entre les institutions régionales et le pouvoir central, comme cela fut particulièrement le cas sous le règne de Louis XIV, qui renforça la centralisation administrative.

La Provence doit, par ailleurs, subir les invasions de Charles Quint en 1524 et 1536 avec leurs cortèges de malheurs : puits comblés, moulins et granges incendiés, habitants contraints de se réfugier dans les bois et les montagnes.

Dans ce pays de convictions ferventes, où l'hérésie et le catholicisme mystique font de nombreux adeptes, les guerres de Religion sont sanglantes. Une nouvelle épidémie de peste, apportée à Cannes par un vaisseau venant du Levant, se répand dans toute la région en 1580 et fait plus de 70 000 victimes en huit ans.

Richelieu, qui avait compris l'importance de Toulon, agrandit son port durant la guerre de Trente Ans (1618-1648) et équipe 26 galères sur la Médi-

Le Masque de fer

L'histoire de l'homme au masque de fer, romancée par Alexandre Dumas, reste encore l'une des grandes énigmes de l'histoire de France. Arrivé au fort royal de l'île Sainte-Marguerite, au large de Cannes, en 1687, après une détention au château d'If, à Marseille, et une escale au fort de l'Alicastre, à Porquerolles, on ne peut affirmer qu'il y resta jusqu'à sa mort, ou qu'il acheva sa vie à la Bastille. Si d'aucuns, à la suite de Voltaire, soutiennent qu'il s'agissait du frère jumeau de Louis XIV, d'autres historiens ont avancé plusieurs hypothèses. Sous ce fameux masque aurait été caché le visage d'un page de Louis XIV, celui d'un prêtre de la Maison de Louis XIV, ou encore celui du comte Mattioli, secrétaire du duc de Mantoue. Seule certitude : le masque était de velours avec une fermeture en acier.

Vauban a considérablement renforcé la défense de la rade de Toulon.

terranée pour faire face à la marine espagnole. Ces réalisations, développées ensuite par Vauban, serviront aux guerres menées par Louis XIV.

La Révolution

Malgré une réelle prospérité, le territoire adhère avec enthousiasme au mouvement de rénovation de la Révolution. Le marquis de Mirabeau en est l'un de ses plus ardents porte-parole, lorsqu'il défend les idées de liberté tout en militant pour une monarchie constitutionnelle. En 1790, la Provence est divisée en trois départements : les Bouches-du-Rhône, le Var et les Basses-Alpes, auxquels s'ajoute, sur décision de la Convention du 31 janvier 1793, le comté de Nice, correspondant approximativement aux Alpes-Maritimes actuelles.

La Provence boude l'Empereur

Marseille ayant donné le signal de l'insurrection contre la Convention, la Terreur s'abat sur la région. A Toulon, ouvert aux flottes anglaise et espagnole par les royalistes, la stratégie du jeune capitaine d'artillerie Bonaparte permet aux républicains de reprendre la ville en 1793. Malgré ses différents passages en Provence, l'Empereur n'y sera jamais très populaire, les campagnes demeurant royalistes. Napoléon lui-même, après avoir abdiqué en 1814, est menacé par la foule lorsqu'il passe par Orgon, près de Cavaillon, pour rejoindre Saint-Raphaël, où il doit s'embarquer pour l'île d'Elbe.

A cette date, le comté de Nice est

« La Marseillaise »

Le premier arbre de la Liberte fut planté à Marseille le 29 juin 1792. C'est au pied de cet arbre que le député Barbaroux harangua le célèbre bataillon des Marseillais destiné au camp de 20 000 hommes que l'Assemblée constituante avait décrété établir sous Paris.

Ces volontaires partirent en chantant l'hymne de Rouget de l'Isle, qui prit alors le nom de *Marseillaise.*

Le 10 août, Danton marcha à leur tête contre les Tuileries. Les Suisses qui les défendaient cessèrent le feu et les Marseillais s'emparèrent du palais, le mettant à sac.

Agréé par le ministère de la Guerre, puis proscrit par Napoléon, l'hymne est officiellement adopté par le gouvernement en 1879.

De retour de l'île d'Elbe, Napoléon débarque à Golfe-Juan, le 1er mars 1815.

rendu au roi de Sardaigne, Victor-Emmanuel Ier.

Les temps modernes

Les XIXe et XXe siècles marqueront une ère nouvelle. Avec les nouveaux moyens de transports — navigation à vapeur sur le Rhône, développement du port de Marseille, invention du chemin de fer puis de l'automobile —, la région et sa côte deviennent une destination à la mode. Tout d'abord en hiver à Hyères, Nice, Cannes et Menton, puis en été, avec les congés payés, sur l'ensemble du rivage. Les artistes, tout particulièrement les peintres, trouvent dans ce pays de lumière une source inégalée d'inspiration.
Les cultures maraîchères et la vigne, jusqu'aux attaques du phylloxéra, en 1860, bénéficient également de l'essor des transports.

➤ Les deux guerres mondiales

Maintenue hors du premier conflit mondial, du fait de son éloignement géographique, la Provence n'en essuie pas moins les redoutables effets démographiques et économiques qu'entraînent la saignée humaine et l'exode rural.
Lors du second conflit mondial, en revanche, elle devient un théâtre important des luttes entre belligérants : le 11 novembre 1942, la région est occupée par les troupes allemandes, alors que les Italiens s'installent à Nice.
Au lendemain de la dernière guerre, l'activité touristique prend de plus en plus le pas sur l'activité industrielle traditionnelle et le paysage en subit les effets inévitables.

Au début du siècle, rien n'était aussi chic que de passer l'hiver sur la Côte.

Repères chronologiques

950000 av. J.-C. : outils en pierre taillée dans la grotte du Vallonnet, à Roquebrune-Cap-Martin (Alpes-Maritimes).

600000 av. J.-C. : traces de charbon de bois calciné dans la grotte de l'Escale, à Saint-Estève-Janson (Bouches-du-Rhône).

200000 av. J.-C. : premiers ossements humains dans la grotte du Lazaret, à Nice.

20000 av. J.-C. : peintures pariétales dans la grotte de Cosquer, à Cassis (Bouches-du-Rhône).

900 av. J.-C. : occupation par les Ligures.

600 av. J.-C. : fondation de Marseille par les Phocéens.

Ier siècle av. J.-C. : occupation par les Romains.

122 av. J.-C. : fondation d'Aix.

49 av. J.-C. : fondation d'Arles.

Du Ier au IIIe siècle : pénétration du christianisme.

476 - 536 : invasions barbares.

974 : Guillaume de Provence expulse les Sarrasins et se fait proclamer roi de Provence.

1215 : Nice devient génoise.

1309-1378 : la papauté siège à Avignon.

1388 : Nice se rallie au comté de Savoie.

1434 : début du règne du Roi René.

1486 : la Provence est définitivement réunie à la France.

2e partie du XVIe : guerres de religion.

1580 : épidémie de peste.

1681 : Vauban fortifie Toulon.

1720-1722 : nouvelle grande peste, qui fait 100 000 morts.

1748 : ouverture du bagne de Toulon.

1790 : création des Bouches-du-Rhône, du Var et des Basses-Alpes.

1793 : réunion du comté de Nice et création des Alpes-Maritimes. Les républicains et Bonaparte reprennent Toulon aux royalistes.

Le palais des Papes d'Avignon au XIXe siècle.

1799 : de retour d'Egypte, Bonaparte débarque à Fréjus.

1814 : le comté de Nice est rendu à Victor-Emmanuel Ier, roi de Sardaigne. Napoléon s'embarque, à Saint-Raphaël, pour l'île d'Elbe.

1852 : fermeture du bagne de Toulon

1854 : fondation du félibrige autour de Frédéric Mistral.

1860 : réunion du comté de Nice.

1865-1868 : le chemin de fer de Marseille relie Nice puis Monaco.

juin 1940 : les Italiens occupent Monaco et les Alpes-Maritimes sont démilitarisées.

11 novembre 1942 : les Allemands envahissent la zone libre.

27 novembre 1942 : la flotte de Toulon se saborde.

1956 : création de la région Provence-Corse-Côte d'Azur.

1970 : la Corse se constitue en région et la Provence devient Provence-Alpes-Côte d'Azur.

1971 : le département des Basses-Alpes prend le nom d'Alpes-de-Haute-Provence.

1974 : Toulon devient préfecture du Var, à la place de Draguignan.

1992 : fermeture des chantiers navals de La Seyne.

Personnages clés

➤ Michel de Nostradamus (1503-1566)

Né à Saint-Rémy-de-Provence, ce médecin-astrologue fut rendu célèbre par ses prédictions.

➤ Pierre Puget (1622-1694)

Ce sculpteur marseillais a laissé de nombreux chefs-d'œuvre dans sa région d'origine.

➤ Frédéric Mistral (1830-1914)

L'auteur de *Mireille* et de nombreux ouvrages à la gloire de la Provence adhère au félibrige, mouvement littéraire de défense de la langue provençale, dont il devient le principal héraut. A reçu le prix Nobel de littérature en 1904.

➤ Paul Cézanne (1839-1906)

Né à Aix, ce peintre est célèbre dans le monde entier pour ses représentations de *La Montagne Sainte-Victoire,* ainsi que pour ses baigneuses et ses natures mortes.

➤ Edmond Rostand (1868-1918)

Poète et auteur dramatique marseillais, il écrivit différentes comédies et drames héroïques. Ses œuvres les plus célèbres sont *Les Romanesques, L'Aiglon* et surtout *Cyrano de Bergerac.*

➤ Alexandra David-Neel (1868-1969)

Ayant passé une grande partie de sa vie en Asie, et notamment au Tibet, la grande exploratrice acquit une maison à Digne en 1928, où elle se retira en 1946 pour y rédiger ses livres.

➤ Marcel Pagnol (1895-1974)

Natif d'Aubagne, l'auteur de *La Gloire de mon père, Marius, Fanny, César, Topaze* et *La Femme du boulanger...* fut probablement l'écrivain et auteur dramatique le plus « marseillais ».

➤ Jean Giono (1895-1970)

Né à Manosque, il fut l'écrivain emblématique de la haute Provence. On lui doit *Regain, Les Ames fortes, Le Hussard sur le toit...*

➤ Fernand Contandin, dit Fernandel (1903-1971)

L'acteur marseillais, drôle et émouvant, a été rendu populaire par ses interprétations dans *La Fille du puisatier* et les *Don Camillo.*

➤ René Char (1907-1988)

Natif de Manosque, ce poète, à l'origine surréaliste, s'est engagé dans la poésie militante et l'action résistante durant la dernière guerre mondiale.

➤ César Baldaccini, dit César (1921-1998)

Ce sculpteur marseillais, apparenté au nouveau réalisme, est réputé pour ses *Compressions.*

➤ Brigitte Bardot (1934-)

La plus connue des vedettes du cinéma français est une Tropézienne d'adoption. Célèbre grâce à son interprétation dans *Et Dieu créa la femme,* de Roger Vadim, elle a fait les beaux jours du Saint-Tropez des années 60.

Les clés de la région

Dans ce pays de paroles, toutes les vérités sont bonnes à dire, même lorsqu'elles sont imaginaires. Souvent au cœur d'une histoire colportée par le vent, elles finissent par composer ce que tout le monde vient chercher dans le Midi : le folklore qui se perpétue de génération en génération, à la terrasse des cafés, à l'ombre des platanes.

➤ Une partie de pétanque...

La pétanque est née un samedi de juin 1910, sur une place de La Ciotat. Jules Le Noir, un ancien champion de boules qui ne pouvait plus *jouer à la longue* à cause de ses rhumatismes, modifia les règles du traditionnel jeu provençal, où l'on doit prendre son élan et faire trois grands pas. Il traça sur le sol un **cercle** dans lequel les joueurs resteraient **les pieds tanqués** (bien plantés). Mais, que ce soit *à la longue ou à pétanque,* un beau **carreau** vaut toujours une tournée générale.

➤ Un pastis bien tassé !

Oh ! Qué pastis ! Autant dire, en pointu : quelle embrouille, quel désordre ! Qu'il soit bien tassé, juste troublé ou même noyé, il faut le boire avec modération. L'histoire du *pastaga* a commencé dans l'Antiquité par la découverte des vertus médicinales de l'anis. Plus tard, les graines de la plante ont servi à parfumer la dangereuse absinthe. Après son interdiction, un décret a réglementé la fabrication des boissons anisées, qui ne doivent plus dépasser 40°. En 1932, Paul Ricard crée une liqueur à base d'anis étoilé, de réglisse et de plantes aromatiques, qu'il baptise *pastis* et qui se distingue de **l'anisette,** que l'on buvait volontiers en Afrique du Nord.

➤ Le mistral qui rend fou

On a l'habitude de dire que, s'il se lève, c'est pour trois, six ou neuf jours et que, si la terre est trop humide, il ne prend pas. Lorsqu'il souffle, la lumière est éclatante, **le ciel est balayé de frais** et le moindre mouton nuageux doit déguerpir, surtout quand ses rafales dépassent 100 km/h. On dit même que le mistral rend fou.

Plus fréquent en hiver, ce vent du nord prend naissance dans le massif alpin et se refroidit sur les sommets enneigés avant de se renforcer dans la vallée du Rhône et de tourner vers l'ouest, à hauteur de la Camargue. Un peu essoufflé, il s'amollit après le golfe de Saint-Tropez, avant d'être stoppé par l'Estérel.

➤ Cigales : un vrai festival !

Un proverbe prétend que certaines femmes sont comme les cigales, « *en les grattant un peu, elles parlent* ».

A leur sujet, La Fontaine lui-même a raconté des fables. Elles ne chantent pas tout l'été, puisqu'elles ne vivent que quelques semaines, tout au plus, consacrées au chant, à l'amour et aux beuveries de sève. Le Sud ne serait pas le Sud sans ces ventriloques qui jouent des cymbales (du nom de leur organe musical).

➤ Herbes de Provence : la colline dans son assiette

Point de colline ni de cuisine sans herbes de Provence. Cinq plantes sont rassemblées sous cette appellation : **romarin, thym ou « farigoulette », laurier, sarriette ou « pèbre d'ail », marjolaine ou origan.** Et, même s'ils ne font pas partie de la famille, le basilic, la sauge, la bourrache et bien sûr l'ail ont aussi l'accent du Midi. Assaisonner aux herbes de Provence, c'est avoir la colline dans son assiette.

➤ Santons : tous en chœur

Apportés en Provence au XVIIe siècle par des marchands italiens, les petits saints, ou *santouns,* se sont répandus dans toute la région pendant la Révolution, quand la fermeture des églises a conduit les familles à fêter Noël à domicile. Le premier à avoir voulu « *jouer à Dieu le Père en tirant de l'argile un homme* » fut Jean-Louis Lagnel, un sculpteur marseillais. A côté des personnages traditionnels, sainte famille, rois Mages, âne et bœuf, les représentants des petits métiers, des habitants du village, du ravi et des porteurs de présents se retrouvent tous en chœur dans **la crèche provençale.**

➤ Olives : de l'olivette au moulin

La cueillette des olives débute vers la mi-novembre, pour durer tout décembre. C'est le moment des *olivades,* qui, autrefois, donnaient lieu à de grandes fêtes. A la fin de la récolte, le propriétaire organisait un festin sous les arbres de l'olivette. Dans les moulins, la nouvelle huile était goûtée sur des tranches de pain de campagne frottées d'ail et sur lesquelles on écrasait des anchois, avant de les faire griller au feu de bois. Après le grand gel de 1956, les vergers d'oliviers ont connu une nouvelle jeunesse et la production d'huile est aujourd'hui en plein développement.

➤ Rosé : plus qu'une appellation, une tradition

Les amateurs de vins du Midi n'ont pas attendu que les côtes-de-provence obtiennent enfin leur appellation d'origine contrôlée en 1977 pour boire la vie en rosé. En héritage des Grecs et des Romains, le Var a toujours été le berceau de ce breuvage, qui se déguste volontiers frais, à l'ombre d'une treille, en accompagnement d'une petite friture juste sortie de l'eau.

➤ Les marchés de Provence

Tiens ! Goûte, ma Nine. Les marchés sont encore un des lieux les plus vivants de la région. Qu'on y propose poissons frais, fruits parfumés, légumes éclatants, tresses d'ail, pyramides d'olives ou fleurs multicolores, les marchés de Carpentras, Cavaillon, Apt, Marseille, Toulon, Cannes, Nice ou Menton, sans oublier la plupart des villages, sont incontournables pour qui veut comprendre l'âme locale.

➤ Un aïoli pour la fête

« *Oui, nous voulons le manger, notre aïoli brûlant, en pleine campagne, au cabanon, à la petite bastide ou à la maisonnette, là, entre nous, en parlant provençal... L'aïoli a également une vertu, celle de chasser les mouches* » : ainsi Frédéric Mistral chantait-il les qualités du plus traditionnel des plats provençaux, dont on attribue l'invention à Virgile et que l'on partageait le mercredi des Cendres, premier jour de carême.

A sa base, une belle mayonnaise à l'huile d'olive, fortement parfumée à l'ail pilé dans un mortier, pour accompagner morue dessalée, poissons séchés ou même escargots, avec des légumes cuits à l'eau.

De nos jours, la plupart des fêtes de village se concluent par un gigantesque aïoli servi en plein air.

Regards actuels

La Provence et la Côte d'Azur, en grandes séductrices, ont su créer la mode pour les amoureux de soleil et de lumière, avant de la dépasser, pour rester leur terre promise.

Economie

La région Provence-Alpes-Côte d'Azur a toujours été marquée par de **grandes disparités,** entre la frange littorale et le couloir rhodanien, d'une part, et l'arrière-pays, d'autre part.
Historiquement, le peuplement s'est fait de manière aussi déséquilibrée. Tous les grands centres urbains se sont établis le long du Rhône et sur la côte : Avignon, Aix-en-Provence, Marseille, Toulon, Cannes, Nice.
Le développement des moyens de transports et l'explosion du tourisme de masse, dans les années 60, n'ont fait qu'accentuer cette tendance, au point qu'on a pu parler de l'opposition entre une **Provence riche et dynamique,** où sont réunies la majorité des entreprises agricoles et industrielles (vallée du Rhône et, dans une moindre mesure, vallée de la Durance, bassin de Marseille-Aix, Toulon-Hyères, Cannes et Nice), et d'une **Provence pauvre et isolée,** celle de l'arrière-pays et de la montagne.

➤ Agriculture : légumes, fruits et fleurs

L'agriculture se distingue par **la taille réduite des exploitations et leur grande productivité.** Les cultures maraîchères et fruitières tra-

L'horticulture, à l'image des tulipes de Carqueiranne, est une des richesses du Var et des Alpes-Maritimes.

ditionnelles ont profité de l'eau d'irrigation venue de la Durance et du Verdon, grâce au canal de Provence. Malgré une concurrence internationale très forte, **la production des fleurs** garde la vedette dans les régions d'Hyères et d'Ollioules et sur la côte niçoise.

➤ Tourisme et secteur tertiaire

L'activité industrielle traditionnelle a subi de plein fouet la mutation économique de ces trente dernières années, avec la fermeture des mines de bauxite de Brignoles, de charbon de la vallée de l'Arc, des chantiers navals de La Ciotat et de La Seyne-sur-Mer. Seule exception importante, la région de Berre et de Fos-sur-Mer, qui a profité de l'augmentation des besoins nationaux en pétrole et en gaz. Malgré une baisse du trafic marchandises, **le port de Marseille reste un poumon économique essentiel** pour toute la région. Le tertiaire et les industries propres, liées aux technologies de pointe, ont connu un bel essor dans les environs d'Aix-Marseille ou à Nice, à Sophia-Antipolis.

Le littoral méditerranéen est l'un des lieux touristiques les plus fréquentés au monde.

Mais **le moteur essentiel de l'économie demeure le tourisme,** avec ses 25 millions de visiteurs annuels, qui font de cette région, où le bâtiment et les travaux publics tiennent une place prépondérante, l'une des plus fréquentées au monde. Bien que le littoral se taille la part du lion, les zones de montagne, qui ont dû affronter un important exode rural, en bénéficient également, comme l'atteste le développement des stations de **sports d'hiver** et de vacances d'été.

Un paradis pour golfeurs

Depuis une bonne vingtaine d'années, la région s'est trouvé une nouvelle vocation : devenir un paradis pour golfeurs. Les terrains superbes et variés se sont multipliés dans les différents départements. La région propose un choix de quarante-trois parcours destinés aux joueurs de tout niveau, souvent dessinés au milieu des paysages les plus beaux, qu'ils dominent la mer ou qu'ils s'inscrivent dans une perspective montagnarde.

Population

Lieu de passage et de migration, la région s'est toujours adaptée aux grands brassages de populations. Jusqu'au XXe siècle, le ciment fut la culture et surtout la langue provençale, avec ses variantes locales. Depuis, le provençal a dû assimiler plusieurs vagues migratoires : les Italiens dans l'entre-deux-guerres, les Arméniens, les Espagnols, spécialement durant la guerre civile, puis les pieds-noirs et les Maghrébins, à la décolonisation. A chaque fois, l'enracinement a été rapide et s'est fait sans heurts excessifs. En général, une génération a suffi à une bonne intégration.

En doublant le nombre d'habitants, qui est passé de deux à plus de quatre millions en quarante ans, après la fin de la dernière guerre, **la région a connu le taux de progression le plus élevé de France.**

En quelques décennies, les flux de populations ont changé de nature. De nos jours, ils concernent certaines délocalisations d'entreprises et, plus encore, l'arrivée des retraités, essentiellement sur la Côte d'Azur et la Riviera. Ils ont eu pour effet de vieillir l'âge moyen et de faire exploser la densité démographique sur la zone littorale.

Religion

Elément déterminant dans la constitution du territoire, l'expansion précoce du christianisme a marqué de façon indélébile la culture provençale. La célébration de la Nativité y garde toujours une grande importance, d'autant qu'elle se confond souvent avec l'héritage des traditions païennes. **Les fêtes calendales s'étendent jusqu'à l'Epiphanie et incluent Noël, jour de l'an et fête des Rois.**

Les saints, au premier rang desquels saint Marc (des vignerons), saint Jean (des moissonneurs), saint Eloi (des métiers liés au cheval) et saint Pierre (des pêcheurs), restent les grands conservateurs des fêtes provençales.

Le « gros souper » de la messe de minuit

La messe de minuit remonte à une tradition datant du IVe siècle, lorsque l'Eglise fixa la Nativité au 25 décembre, date du solstice d'hiver. Elle met en scène les habitants du village, qui jouent les personnages de la crèche vivante et comprend la cérémonie du *pastrage*, l'offrande de l'agneau dernier-né. Elle est précédée de la veillée autour de la cheminée, où brûle *le cacho fio*, une bûche provenant d'un arbre fruitier mort dans l'année, et du *gros souper*, qui doit être… maigre.

Le pèlerinage des gitans, aux Saintes-Maries-de-la-Mer : une cérémonie haute en couleur… les pieds dans l'eau !

Malgré tout, la région a su intégrer sans trop de problèmes des **cultures religieuses différentes,** comme cela fut le cas pour **la communauté juive dans le Vaucluse,** au cours du Moyen Age, grâce à la protection de la papauté, et pour **la communauté orthodoxe russe à Nice,** au cours de la deuxième moitié du XIXe siècle.

Vie sociale

Réputée pour être la région du **« bon-vivre »,** la Provence-Côte d'Azur n'a pas toujours été ce havre pour vacanciers et retraités aisés. A une époque où le soleil ne faisait pas tout, la civilisation rurale ne jouissait pas des facilités actuelles. La ruée vers le littoral a marqué une sorte d'éclatement de la vie sociale traditionnelle.

On se rencontre aux terrasses des cafés dès les premiers beaux jours.

➤ Des villages résidentiels

Même si les petits villages tentent encore de préserver leurs coutumes et leur cadre de vie, la multiplication des résidences secondaires et le développement du secteur tertiaire dans les centres urbains ont modifié l'organisation sociale de la vie. **Les hameaux et bourgs de l'arrière-pays deviennent souvent des villages résidentiels.** Sur le littoral, les vagues massives du tourisme se sont accompagnées d'une multiplication des petits commerces saisonniers et de l'artisanat improvisé. La vie des ports de pêche a été totalement bouleversée par la création des grands bassins de plaisance et le remplacement des « pointus » par les yachts et les voiliers.

➤ Images de carte postale et cultures locales

Depuis le début du siècle, avec l'arrivée des Anglaises d'âge mûr, la multiplication des palaces et des casinos, le développement des immeubles résidentiels avec vue sur mer, la Côte d'Azur et la Riviera n'ont cessé de cultiver leur appartenance à un univers de luxe et de douceur de vivre. **Cette image de carte postale tente de se superposer aux cultures locales,** encore bien vivaces dans les quartiers pittoresques des vieilles villes.

La promenade des Anglais est livrée à la balade des retraités venus d'ailleurs et aux joggeurs du dimanche, alors que les ruelles du Vieux Nice accueillent toujours, les soirs d'été, les chaises des « Nissards » qui prennent le frais. Les installations privées des grands hôtels de la baie des Anges ou de la Croisette ne sont pas si éloignées des plages populaires et familiales de Fréjus.

Art et culture

A l'image de toute la Méditerranée, **la région a toujours été un pays d'art et de culture.** Mais il faut vraiment attendre la fin du XIXe siècle pour qu'elle devienne terre d'accueil pour les artistes du monde entier. Dès l'instant où la peinture sur le motif a pris le pas sur les compositions en ateliers, les paysages de la côte et les lumières de l'arrière-pays ont connu un succès exceptionnel. **Le musée de l'Annonciade,** à Saint-Tropez, en est une magnifique illustration.

➤ Peintres et auteurs inspirés

Les principaux courants de la peinture moderne ont été séduits par le Midi. Pointillistes, impressionnistes, fauves, cubistes, mais aussi nombre d'indépendants ont adopté la région de Cézanne. On peut citer, parmi d'autres, Signac, Derain, Renoir, Dufy, Bonnard, Van Gogh, Matisse, Braque, Chagall, Nicolas de Stael, Picasso et Vasarely. Plus près de nous, **l'art contemporain,** avec ses avant-gardes successives, a trouvé une **terre d'élection à Nice.**

Tout comme les peintres, écrivains et poètes sont nombreux à y avoir trouvé l'inspiration : de Daudet à Zola, d'Apollinaire à Cocteau, de René Char à Saint-John Perse, de Henry James à Rainer Maria Rilke ou de Laurence Durrell à Peter Mayle…

➤ Bâtisseurs

Grecs et Romains ne sont pas les derniers à avoir laissé une empreinte de bâtisseurs.

L'architecture religieuse, qu'elle soit romane ou cistercienne, baroque provençale ou baroque inspirée par les influences romaines et piémontaises dans les Alpes-Maritimes, a créé de nombreux chefs-d'œuvre. Plus récemment, la fin du XIXe siècle et le début du XXe, lorsque la côte était un lieu de villégiature hivernale de luxe, ont laissé les grands palaces néoclassiques et les villas aux influences exotiques. Charles Garnier a signé le casino de Monte-Carlo et l'opéra de Toulon. Enfin, Le Corbusier, le modernisme, avec la généralisation du béton armé, et l'architecture balnéaire, n'ont pas oublié la région.

➤ Hommes de cinéma

Depuis *L'Arrivée du train en gare de La Ciotat,* des frères Lumière, les cinéastes et leurs acteurs ont naturellement aimé la région : Jean Renoir, Marcel Pagnol et Raimu, Julien Duvivier et Fernandel, Vadim et Brigitte Bardot, Jean Girault et Louis de Funès, avec la série des « Gendarmes de Saint-Tropez », François Truffaut, Jean-Luc Godard avec *Pierrot le Fou,* Claude Berri et Yves Montand avec *Jean de Florette* et *Manon des Sources…*

Fêtes et coutumes

Le sacré, le païen et le laïque coexistent en bonne harmonie dans la plupart des fêtes traditionnelles locales. Beaucoup prennent racine dans la culture profonde de la région et restent plus ou moins attachées à un cérémonial ancien, lié à la vie rurale ou maritime et aux saisons. Bien souvent, elles sont placées sous le patronage d'un saint ou d'une sainte. **Le Noël provençal** revêt un caractère particulier et doit comprendre la messe de minuit avec ses chants et la veillée autour du feu de bois, au cours de laquelle on raconte légendes et contes, en dégustant les treize desserts.

Les foires, les grands rendez-vous commerciaux populaires, les différentes récoltes, la transhumance, le carnaval ou les corsos fleuris, les vendanges sont autant de rendez-vous qui rythment l'année et que le développement du tourisme a conduits à rajeunir ou à se moderniser, tout comme il a donné naissance à de nombreuses manifestations culturelles telles que les festivals, dont certains ont acquis une renommée mondiale.

Le mois de février est marqué par de nombreux carnavals et corsos fleuris.

Les indiennes de Provence

Le costume provençal, qui connaît un renouveau dans les fêtes folkloriques, puise certaines de ses origines dans l'ancien Orient. Au XVIIIe siècle, les couturières provençales, séduites par les tissus orientaux apportés par les navires, ont pris l'habitude d'utiliser les imprimés aux couleurs chatoyantes baptisés « indiennes », pour confectionner jupons, robes, châles et chemises. L'importation et la fabrication de ces étoffes avaient été interdites par décret royal de 1686 à 1758 pour concurrence excessive. Le succès a été tel que le matériau a pris le surnom de « tissu provençal » et a envahi tous les étals des marchands de tissus, même si les motifs ont changé.

Agenda festif, sportif et culturel

➤ Janvier

▌ **Week-end proche du 16 :** les *tripettes* de Barjols (Var). Pour la Saint-Marcel, la population défile en costumes avec un bœuf, autrefois destiné au sacrifice.

➤ Février

▌ Carnaval de Nice, le plus important de France. Il dure deux semaines, avec ses corsos carnavalesques autour du Roi en carton-pâte, ses batailles de fleurs, ses défilés en nocturne et son feu d'artifice.

▌ Fête du Citron, à Menton. Deux semaines de fête sont organisées en l'honneur du citron, avec corsos aux fruits d'or (oranges et citrons), corso du mardi gras, feu d'artifice et expositions d'agrumes.

Trois premiers dimanches : fête de l'Oursin avec dégustation géante sur le port de Carry-le-Rouet.

➤ Avril

| Internationaux de tennis de Monte-Carlo.

| Dernière semaine : semaine olympique de voile d'Hyères.

| Week-end pascal : Féria d'Arles.

➤ Mai

| 1er : fête des Gardians, à Arles, qui honorent leur patron, saint Georges, dont ils portent la statue dans les rues de la ville, avant d'assister à la messe.

| Festival international du film de Cannes : un des événements les plus médiatisés au monde.

| Grand prix automobile de F1 et F3 à Monaco.

| 16, 17 18 : bravades de Saint-Tropez. Défilés militaires en costumes d'époque, au bruit assourdissant des tromblons, pour commémorer la résistance de la ville aux attaques des pirates maures.

| 24 : aux Saintes-Maries-de-la-Mer, pèlerinage des gitans, qui honorent leur patronne, Sara.

➤ Juin

| Lundi de Pentecôte : fête de la Transhumance à Saint-Rémy-de-Provence.

| 29 : fête de Saint-Pierre, patron des pêcheurs, dans la plupart des ports de pêche.

➤ Juillet

| Festival de théâtre d'Avignon, mondialement réputé.

| Chorégies d'Orange, un festival d'art lyrique dans le théâtre antique.

| Festival international de danse et festival international d'art lyrique et de musique d'Aix-en-Provence.

| Festival international de jazz d'Antibes-Juan-les-Pins.

| Nikaia : meeting international d'athlétisme de Nice.

➤ Août

| 14 et 15 : fête de la Lavande à Sault (Vaucluse).

➤ Septembre

| Féria du Riz, à Arles, avec corridas.

➤ Octobre

| Les Voiles de Saint-Tropez (anciennement Nioulargue) accueillent des voiliers de tradition.

| Trois derniers week-ends : fête de la Châtaigne, à Collobrières (Var).

Les aficionados ne manquent jamais la féria d'Arles.

Se déplacer

La Provence

Pays d'échanges, terre de lumière et de passion, la Provence a fait son miel de toutes les migrations qui ont abouti chez elle. Cela a donné une civilisation et un art de vivre qui, pour être méditerranéens, n'en ont pas moins leur identité.

25 km

30 min

TAXI
36 €

BUS
7,5 €

Marseille

Née de la mer, par la volonté de navigateurs phocéens, au Ve siècle av. J.-C., Marseille a toujours gardé une vocation maritime. Avec ses 800 000 habitants, **la troisième ville de France s'est construite autour de son port,** point de départ vers les rêves d'Orient et lieu d'arrivée pour de nombreux étrangers, qui en ont fait une ville du monde.

Cette **capitale du négoce et du football,** dont la réputation bruyante et l'organisation anarchique ont souvent été critiquées, est un creuset de vie, comme en témoignent ses quartiers, organisés comme autant de villages qui seraient, dit-on, 111.

➤ Le Vieux Port et la Canebière

Le Vieux Port ♥ est le lieu central d'où l'on peut découvrir Marseille. Il abrite les bateaux de plaisance et quelques pointus de pêcheurs. Au nord, depuis **le fort Saint-Jean,** qui ne se visite pas, le quai du Port, d'où l'on aperçoit **Notre-Dame**

Le ferri-bo-ate traverse le Vieux Port de la place aux Huiles à la mairie.

de la Garde, constitue une agréable promenade, avec ses terrasses de cafés et de restaurants et **l'hôtel de ville,** qui date de la fin du XVIIe siècle.

◆ La maison diamantée

Rue de la Prison. Visites guidées gratuites chaque mercredi de 15 h à 16 h 30 et chaque samedi de 11 h à 12 h 30.

L'édifice doit son nom aux décors en pointes de diamant qui ornent sa façade. Il est un exemple des hôtels particuliers construits à la fin du XVIe siècle et abrite **le musée du Vieux-Marseille.**

◆ Le quai des Belges

A l'est, le Vieux Port est limité par le quai des Belges, où commence la célèbre **Canebière.** Il est dominé par **l'église Saint-Ferréol,** dernier témoignage d'un ancien couvent des Grands Augustins. Tous les matins, il est le rendez-vous des marchands de poissons . C'est d'ici que partent les bateaux vers les îles du Frioul.

◆ La Canebière

Cette large avenue qui remonte jusqu'à **l'église des Réformés** est le cœur de Marseille, où l'on se retrouve pour célébrer une victoire de l'O.M. (Olympique marseillais) ou manifester. Là débouchent les principales artères commerçantes du centre-ville : **rue Paradis, rue Saint-Ferréol, rue de Rome, cours Belsunce.** On passe devant **le palais de la**

Suivez le guide !

Le ferri-bo-ate qui traverse le Vieux Port, rendu célèbre par Marcel Pagnol, est, dit-on, le *ferry-boat* le plus court du monde. N'hésitez pas à l'emprunter pour rejoindre, depuis le parvis de la mairie, la place aux Huiles.

Bourse, inauguré en 1860, et on accède, plus haut, à **la place des Capucins,** où se tient chaque jour le marché le plus important de la ville.

➤ Le sud du Vieux Port

Le quai de Rive-Neuve, de l'autre côté du Vieux Port, annonce les quartiers sud. Il longe l'ancienne criée aux poissons, qui abrite depuis vingt ans le **Théâtre national de Marseille « La Criée ».** Il est proche du carré Thiars, l'un des quartiers les plus animés, avec **le cours Estienne-d'Orves,** haut lieu de la vie nocturne marseillaise.

◆ La basilique Saint-Victor

Depuis la Révolution, il ne subsiste que l'église et les cryptes de ce qui fut une abbaye puissante. Ce chef-d'œuvre de l'art roman provençal est situé sur les pentes du massif de la Garde.

◆ Notre-Dame de la Garde

Celle que tout le monde surnomme ici la « Bonne Mère » est le bâtiment symbolique de Marseille. De style romano-byzantin et dominant toute la ville du haut de sa colline, elle est surmon-

La Vierge à l'Enfant de Notre-Dame de la Garde se voit de loin.

MARSEILLE
MER MÉDITERRANÉE
0 200 m
Observatoire
Musée des Beaux-Arts
Musée d'Histoire Naturelle
Palais Longchamp
Théâtre en Friche
Théâtre de Marionnettes Massalia
Hôpital de la Timone
Hôpital de la Conception
IVe
Ier
IIe
VIe
VIIe
SAINT-CHARLES
LES 5 AVENUES
BAILLE
CONCEPTION
THIERS
SAINT-LAZARE
NOTRE-DAME DU MONT
LODI
PRÉFECTURE
LES GRANDS CARMES
BELSUNCE
LE PANIER
SAINT-VICTOR
LE PHARO
LAMBERT
BOMPARD
Saint-Michel
Gare Saint-Charles
Espace Odéon
Église des Réformés
Pl. Jean Jaurès
Théâtre Nau
Théâtre du Gymnase
Théâtre Les Bernardines
Chocolat Théâtre
Théâtre Mazenod
Musée d'Histoire de Marseille
Porte d'Aix
Hôtel de Région
Jardin des Vestiges
Musée de la Mode
Musée Cantini
Préfecture
Place Castellane
Musée de la Marine
Théâtre de la Minoterie
Saint-Férréol
Office du Tourisme
Opéra Municipal
Palais de Justice
Hôtel de Ville
Vieux Port
Théâtre Badaboum
Vieille Charité
Musée du Vieux-Marseille
Gare Maritime
Cathédrale La Major
Théâtre Off
Théâtre National de Marseille "La Criée"
Théâtre de Lenche
Notre-Dame de la Garde
Bassin de la Grande-Joliette
Fort Saint-Jean
Fort d'Entrecasteaux
Basilique Saint-Victor
Port de la Reserve
Château
Jardin du Pharo
Fort Saint-Nicolas
Centre Euroméditerranéen de Congrès
Anse du Pharo
Théâtre Bompard
Anse des Catalans
Théâtre Silvain
Anse des Auffes
Anse de Malmousque
Rochers des Pendus
Anse de la Fausse Monnaie
Anse de Maldormé
Anse Batterie des Lions
Anse des Cuivres
Îles d'Endoume
R. Bénédit
R. Jobin
Rue Guibal
R. Clovis Hugues
Bd Camille Flammarion
Rue Consolat
Bd Longchamp
Bd de la Libération
Rue Monte Cristo
Rue du Camas
Boulevard Chave
Bd Jeanne d'Arc
Bd Jean Moulin
R. Saint-Pierre
Cours F. Roosevelt
Bd Eugène Pierre
Rue Ferrari
R. des Vertus
Boulevard Baille
Rue Sainte-Cécile
Boulevard National
Rue de Crimée
R. Saint-Pierre
R. de la Loubière
Bd Charles Nédélec
Bd Dugommier
Bd Garibaldi
Cours Julien
R. de Morengo
Cours Lieutaud
Autoroute Nord
Av. Camille Pelletan
La Canebière
Rue de Rome
Bd de Paris
R. d'Aix
Cours Belsunce
R. Edmond Rostand
Rue Paradis
Bd de Dunkerque
Bd des Dames
Rue de la République
Quai du Port
Cours Pierre Puget
Rue Breteuil
Tunnel Prado
Av. R. Schuman
Bd Notre-Dame
Quai de Rive Neuve
Bd de la Corderie
Bd André Aune
Quai de la Tourette
Tunnel du Vieux Port
Rue d'Endoume
Quai Jean Charcot
Av. du Bois Sacré
Av. des Roches
Digue Ste-Marie
Bd Charles Livon
Av. Pasteur
Av. de la Corse
Bd Amédée Autran
R. du Dr Frédéric Granier
R. du Vallon
Corniche Président Kennedy
R. de la Douane

Le charmant port de pêche du vallon des Auffes.

tée d'une immense vierge à l'Enfant dorée et demeure un important lieu de pèlerinage. On y accède en voiture ou à pied, grâce à un sentier.

◆ Le château du Pharo et la corniche

Des jardins où a été érigé **le monument aux héros de la mer** et du palais, ancienne résidence impériale de Napoléon III, on découvre une belle vue sur le Vieux Port et l'ensemble de la ville. On peut emprunter la corniche du Président-Kennedy et découvrir les îles du Frioul et un quartier typique de la ville : **le vallon des Auffes** et son petit port de pêche.

➤ Le Prado et les plages

La plus grande des artères marseillaises, l'avenue du Prado, rejoint les plages, depuis la monumentale **fontaine de Castellane,** au centre-ville. Le front de mer s'annonce de loin, grâce à **la statue de David,** réplique de l'œuvre de Michel-Ange.

◆ Le front de mer et les Goudes

Depuis la plage du Prado, la route du bord de mer se dirige vers le port de plaisance de la Pointe-Rouge, et les premières calanques, où se blottit le petit port des Goudes, rendu célèbre par les romans policiers de Jean-Claude Izzo. La vue y est remarquable sur les îles Tiboulen, Maire, de Jarre et de Riou.

➤ « La Plaine » et la porte d'Aix

Le plateau Saint-Michel, que les Marseillais surnomment « **la Plaine »,** au sud de la Canebière, avec ses ruelles marchandes, ses places ombragées, ses galeries d'art et ses brocanteurs, est un lieu de promenade très apprécié. **Le cours Julien** en est un bel exemple. Du côté nord de la Canebière, **le cours Belsunce,** autrefois connu comme l'une des rues chaudes de la ville, est maintenant occupé par les petits commerces nord-afri-

Les îles Maire et Tiboulen, visibles depuis les Goudes.

L'O.M. qu'on aime

L'O.M. qu'on aime est bien entendu celui qui gagne. Marseille a perpétuellement la fièvre du football et la mesure n'est jamais au rendez-vous des commentaires d'après-match.
Quand le club a froid, la ville s'enrhume et le docteur qui la guérira doit posséder des pouvoirs de sorcier. A l'occasion des grandes rencontres, la ville se pare de bleu et de blanc et la Canebière est le rendez-vous des supporters victorieux.
Stade mythique s'il en est, le Stade Vélodrome, construit en 1937, a été entièrement refait et agrandi à l'occasion de la dernière Coupe du monde de football, en 1998.

cains. Il aboutit à l'arc de triomphe de **la porte d'Aix.**

◆ Le musée Cantini

19, rue Grignan. Ouvert tlj de 10 h à 17 h d'octobre à mai, 11 h à 18 h de juin à septembre. Fermé lundi et jours fériés. Entrée payante.

Ce musée, installé dans l'ancien hôtel de la Compagnie du Cap-Nègre, datant de 1694, propose de très belles collections d'œuvres modernes bien représentatives de l'art du XXe siècle.

◆ Le Palais Longchamp

Musée des Beaux-Arts, 23, bd Montricher. Ouvert tlj de 10 h à 17 h d'octobre à mai, 11 h à 18 h de juin à septembre. Fermé lundi. Entrée payante.

Construit en 1869 pour recueillir l'eau de la Durance, le Palais Longchamp est avant tout un gigantesque **château d'eau.** Il comprend deux ailes en demi-cercle soutenues par des colonnes ioniques. L'aile gauche abrite le muséum d'Histoire naturelle. L'aile droite accueille le musée des Beaux-Arts, qui présente notamment des **peintures italiennes, flamandes et françaises des XVIe et XVIIe siècles, ainsi qu'une sélection de peintres du XIXe siècle (Corot, Millet, Courbet...) et de paysagistes provençaux.**

A gauche, en arrière du palais, l'observatoire témoigne des importantes découvertes astronomiques sur la cartographie de la galaxie qui y ont été faites.

➤ La vieille ville

A l'est du Vieux Port, la construction du **Centre Bourse,** immense centre commercial en pleine ville, a permis, dans les années 60, de mettre au jour d'importants restes des fortifications phocéennes.

◆ Le Jardin des Vestiges et le musée d'Histoire de Marseille

Centre commercial Bourse, métro Vieux-Port, tél. : 04 91 90 42 22. Ouvert tlj de 12 h à 19 h. Fermé dimanche. Entrée payante.

Le musée expose d'importantes collections d'objets provenant des fouilles et la monumentale épave d'un bateau antique mise au jour en 1974.

Le Panier, avec ses ruelles en pente, est un ancien quartier de pêcheurs.

◆ Le Panier

C'est un quartier perché, très pittoresque, autrefois habité par les pêcheurs, toujours populaire, auquel on accède par la montée des Accoules, une ruelle escarpée.

◆ La Vieille-Charité ♥

2, rue de la Charité, métro Joliette, tél. : 04 91 14 58 80. Ouvert tlj de 12 h à 19 h. Fermé dimanche. Entrée payante.

Construit par l'architecte marseillais Pierre Puget entre le XVIIe et le XVIIIe siècle, cet ancien hospice de la Charité est **l'un des édifices publics les plus remarquables.** Classé monument historique et restauré, il est le siège du **musée d'Archéologie** et du **musée des Arts africain, océanien et amérindien.**

◆ Les cathédrales

En contrebas du Panier, les deux cathédrales annoncent le port de commerce et les bassins de la Joliette.

La Vieille-Major, la plus ancienne église de Marseille, a été partiellement amputée lors de la construction de **la Nouvelle-Major,** en 1852. Cette dernière, de style byzantin, se distingue de loin avec ses dômes et ses pierres grises et blanches.

➤ De la Joliette à l'Estaque

Le littoral nord est le domaine du port. Après le Vieux Port, **le bassin de la Grande-Joliette,** réservé au trafic marchandises, annonce la succession des différents autres bassins, où les bateaux de croisières sont de plus en plus nombreux. Puis, vient

La Vieille-Charité est le chef-d'œuvre de Pierre Puget.

En-Vau est l'une des plus belles calanques de Cassis.

l'Estaque, petit port de pêcheurs célébré par de nombreux peintres autour de Cézanne, Dufy, Picabia ou Braque.

Le pays de Marseille

Les îles du Frioul

Navettes : 1, quai des Belges. De 9 h à 19 h l'hiver et de 6 h 45 à 19 h l'été.

L'archipel compte trois îles principales : **le château d'If,** où Alexandre Dumas a imaginé l'emprisonnement du comte de Monte-Cristo, **Ratonneau,** qui fut longtemps un lazaret, pour la mise en quarantaine des victimes d'épidémies, et Pomègues. Reliées par une digue, Ratonneau et **Pomègues** possèdent un port de plaisance et sont des lieux de villégiature.

Cassis et ses calanques

A 22 km à l'est de Marseille. Visites des calanques par bateau tlj, selon la météo, de 9 h à 18 h.

« *Qui a vu Paris, s'il n'a vu Cassis, n'a rien vu* », écrivait Frédéric Mistral. Comment ne pas tomber sous le charme de ce petit port de pêcheurs ? Les calanques aux eaux vertes de Port-Miou, Port-Pin et En-Vau, qui entaillent les falaises blanches, peuvent être découvertes depuis un sentier perché, si l'on est bon marcheur, ou par bateau depuis Cassis.

La route des crêtes

Cassis et La Ciotat sont éloignés d'une douzaine de kilomètres. Pour les relier, la route des crêtes, qui domine **les falaises du cap Canaille**, permet

Le bon savon

Longtemps industrie la plus connue de la ville, la savonnerie marseillaise, qui existait déjà au XVIIe siècle, a subi de plein fouet l'industrialisation. Utilisé traditionnellement comme produit de ménage, le savon n'a pas pu relever la concurrence de la lessive. A base d'huile de coprah et d'arachide, il est particulièrement riche en acides gras (72%). Sa réputation de produit naturel est toutefois à l'origine d'un regain de succès lié à la mode écologique, depuis que les savonneries en ont fait un produit de toilette de qualité.

Un vin qui a l'accent

« Précieux et rare. » Les vignerons de Cassis définissent ainsi leur vin. Produit par une douzaine de viticulteurs, il a bénéficié, en 1936, de la première appellation d'origine contrôlée, après le châteauneuf-du-pape. Le petit vignoble de moins de 200 ha plantés en terrasses protégées du mistral donne surtout un vin blanc sec très typique, qui n'attend pas plus de deux ou trois ans pour délivrer toutes ses qualités. Il est apprécié pour accompagner crustacés et poissons.

d'admirer d'impressionnants points de vue vers le large et la baie de Cassis.

Aubagne

A 15 km à l'est de Marseille.

Aubagne est à la fois **la patrie de Marcel Pagnol,** qui y a tourné de nombreux films, et **la capitale des santons,** grâce à la proximité de l'argile de Saint-Zacharie, déjà utilisée par les Romains pour fabriquer des dalles.

Saint-Maximin

A 40 km à l'est d'Aix-en-Provence.

Saint-Maximin possède, avec **la basilique Sainte-Marie-Madeleine, le plus grand édifice gothique de Provence.** On peut y admirer une crypte gallo-romaine, la châsse contenant les reliques de Marie-Madeleine, les orgues du XVIIIe siècle et l'ancien couvent royal des dominicains avec son cloître.

Le massif de la Sainte-Baume

A l'est de Marseille.

De tout temps, la Sainte-Baume, qui domine Saint-Maximin, fut considérée comme une montagne sacrée. Couverte d'une forêt de hêtres, de chênes, d'érables et d'ifs, **unique en Europe,** elle abrite des oiseaux rares (aigles de Bonelli, grands corbeaux noirs...)

Suivez le guide !

Des sentiers permettent de parcourir la forêt et de visiter la grotte où Marie-Madeleine se réfugia à la naissance du christianisme. On peut accéder au sommet du Saint-Pilon, qui culmine à près de 1 000 m.

L'oursin est fêté à Carry-le-Rouet, chaque mois de février.

La côte bleue

Adossée à la chaîne de l'Estaque, elle séduit par ses falaises blanches, ses calanques accueillantes, **ses ports de pêche de Carro, de Sausset-les-Pins et de Carry-le-Rouet** et leurs restaurants de poissons.

Martigues et l'étang de Berre

A 38 km au nord-ouest de Marseille.

Surnommée « la Venise provençale », avec ses canaux qui font communiquer l'étang de Berre et le golfe de Fos, **Martigues aime à se refléter dans l'eau.** Ses visiteurs ne manquent pas d'admirer l'église baroque de la Madeleine et les maisons de pêcheurs. L'étang de Berre, en partie occupé par l'industrie pétrolière, est intéressant pour ses paysages aquatiques.

◆ Fos-sur-Mer

Déjà port renommé du temps des Romains, Fos n'a pas renié sa vocation. En dehors de ses activités maritimes, il conserve un patrimoine architectural, dont les vestiges du château et l'église Saint-Sauveur.

30 km

30 min

TAXI 38 €

BUS 7 €

Aix-en-Provence

Etape incontournable d'un voyage en Provence, Aix jouit d'une réputation internationale, grâce à son patrimoine, ses monuments, **ses hôtels particuliers,** ses places ombragées, sa tradition de ville thermale, ses jolies fontaines, **ses ruelles piétonnes et commerçantes chargées d'histoire,** ses musées et ses manifestations artistiques.

La tour de l'horloge est l'ancien beffroi d'Aix.

La vieille ville

Comprenant **le bourg Saint-Sauveur,** emplacement des cités médiévale et romaine, et les quartiers des XVIe et XVIIe siècles, la vieille ville concentre la plupart des lieux et édifices à découvrir au cours d'une visite qui se fait à pied.

◆ La cathédrale Saint-Sauveur

Plusieurs fois remaniée du Ve au XVIIIe siècle, elle

réunit des styles architecturaux variés : cloître du XIIe siècle, nefs romane, gothique et baroque, portail gothique flamboyant... A quelques pas, sur la place de l'Archevêché, entourée d'hôtels particuliers, **le palais de l'archevêché** présente sa façade de style Régence.

◆ Le musée du Vieil-Aix

17, rue Gaston-de-Saporta. Ouvert tlj de 10 h à 12 h et de 14 h à 17 h (14 h 30 à 18 h d'avril à octobre). Fermé lundi et jours fériés. Entrée payante.

Installé dans l'hôtel d'Estienne de Saint-Jean, demeure aristocratique du XVIIe siècle, ce musée d'arts et de traditions populaires expose des **collections originales de marionnettes** articulées en bois.

◆ La tour de l'horloge

L'ancien beffroi de la ville, avec son horloge astronomique, domine la place de la mairie et **l'hôtel de ville,** avec sa façade à l'italienne décorée de frises, fruits, fleurs et volutes. Au sud de la place s'élève **l'ancienne halle aux grains,** surmontée d'un fronton allégorique baroque, représentant le Rhône et la Durance.

◆ La place d'Albertas

Aménagée autour d'une belle fontaine et pavée de galets, elle est entourée, sur trois côtés, d immeubles baroques du plus bel effet.

Le calisson

Le calisson d'Aix est un savant mélange de pâte d'amandes broyées, de fruits confits, tels que melons, mandarines ou abricots, et de sirop de sucre. Malaxée et cuite pendant trente minutes, la pâte est étalée sur une feuille d'hostie nappée de glace et découpée en losanges. Très ancien, on le prétend inspiré des *calisone* italiens ou des *kalistsounia* grecs. Il serait apparu à la cour du Roi René pour son mariage, en 1473.

➤ Le cours Mirabeau

Ancien cours à carrosses tracé en 1649, l'artère symbole de la douceur de vivre et du charme aixois est le trait d'union entre la vieille ville commerçante, au nord, et le quartier Mazarin, habité par l'aristocratie dès le XVIIe siècle, au sud. Ombragé de hauts platanes, bordé d'élégants hôtels particuliers, il est agrémenté de fontaines, dont la plus impressionnante est **la fontaine de la Rotonde**, surmontée de trois statues représentant la Justice, l'Agriculture et les Beaux-Arts. Avec les terrasses de ses cafés chic, le cours est le rendez-vous de toutes les promenades.

➤ Le quartier Mazarin

De style Renaissance, il a été construit autour de **l'église gothique Saint-Jean-de-Malte,** par Michel Mazarin, archevêque d'Aix et frère du cardinal. Il ne faut pas manquer les nombreux hôtels particuliers de style baroque et, dans la rue Cardinale, la gracieuse **fontaine des Quatre-Dauphins**.

La montagne Sainte-Victoire, célébrée par Cézanne.

◆ **Le musée Granet**

Place Saint-Jean-de-Malte. Ouvert tlj de 10 h à 12 h et de 14 h à 18 h. Fermé mardi. Entrée payante.

Installé dans l'ancien prieuré des chevaliers de Malte, il présente une belle collection de peintures françaises du XVIe au XXe siècle, ainsi que huit tableaux de Cézanne.

➤ L'atelier de Cézanne

9, avenue Paul-Cézanne. Ouvert tlj de 10 h à 12 h et de 14 h à 17 h, 18 h d'avril à septembre. Fermé jours fériés. Entrée payante.

Entouré d'un jardin, il rassemble des souvenirs du peintre, des aquarelles et des dessins originaux.

Les paysages de Cézanne

➤ Entremont

A 3 km au nord d'Aix-en-Provence, vers Puyricard. Ouvert tlj de 9 h à 12 h et de 14 h à 18 h.

Sur un escarpement, cet **oppidum celto-ligure** fut la capitale des Saliens avant d'être prise d'assaut par Sextius, en 123 av. J.-C. Les fouilles ont mis au jour des vestiges de remparts, de boutiques, d'entrepôts, d'ateliers, de rues, et des statues, exposées au musée Granet.

➤ La montagne Sainte-Victoire

A 15 km à l'est d'Aix-en-Provence par la D 17.

Les Provençaux, qu'elle a toujours fascinés, l'appellent « Sainte-Victoire ». Cézanne l'a fait connaître dans le monde entier. La montagne Sainte-Victoire dresse son échine calcaire, qui culmine à 1 011 m, et propose aux promeneurs de nombreux sentiers balisés dans ses forêts de chênes et de pins d'Alep, malgré des incendies dévastateurs. On y a trouvé de nombreux **œufs de dinosaures,** exposés au muséum d'Aix.

Vauvenargues

A 14 km à l'est d'Aix-en-Provence.

A la limite du Var, le village s'étire au creux du vallon de l'Infernet, au nord de la Sainte-Victoire. **Picasso a acquis le château en 1958 et y a été inhumé en 1960.** Ce bâtiment carré, flanqué de deux tours rondes, construit par le mémorialiste Vauvenargues, ne se visite pas.

La vallée de l'Arc

Depuis les environs de Saint-Maximin jusqu'à l'étang de Berre, l'Arc s'écoule au fond d'une petite vallée où se succèdent de jolis villages provençaux : **Peynier, Rousset, Fuveau, Beaurecueil, Le Tholonet.** Après avoir doublé Aix par le sud, l'Arc rencontre **l'aqueduc de Roquefavour,** ouvrage plus haut que **le pont du Gard** et construit au XIXe siècle, pour alimenter Marseille en eau.

Salon-de-Provence

A 40 km à l'ouest d'Aix-en-Provence.

Au nord de l'étang de Berre, Salon est historiquement au carrefour des routes commerciales de la haute Provence. Le négoce a longtemps fait sa richesse. La cité de Nostradamus a gardé quelques remarquables vestiges de son passé : **la forteresse de l'Empéri** et **la porte de l'Horloge.**

Arles

A mi-chemin entre Nîmes et Salon-de-Provence, à l'intersection du petit et du grand Rhône, la Rome gauloise, devenue conservatoire des traditions provençales, est une porte ouverte sur les étendues humides de la Camargue et les collines sèches des Alpilles.

La ville antique

La vieille ville d'Arles recèle l'un des plus riches ensembles architecturaux français de l'époque romaine.

La place du forum et les thermes

Place du forum, deux colonnes corinthiennes évoquent un ancien temple, partie du forum romain, dont les fondations étaient constituées par **les cryptoportiques,** monument souterrain formé de galeries et de piliers, encore visibles. Près du Rhône, les bains chauds sont les seuls vestiges des thermes de Constantin.

Les arènes et le théâtre antique

Destinées aux combats

A Beaurecueil, la terre est aussi rouge qu'à Roussillon.

de gladiateurs et aux jeux du cirque, les arènes — ou amphithéâtre — d'Arles doivent leur bon état de conservation à leur utilisation comme forteresse militaire au Moyen Age, puis comme lieu d'habitation. De forme elliptique, elles furent **construites sur le modèle du Colisée, à Rome, et taillées dans la roche.** Leurs arches et gradins sont en pierres des Alpilles.

Du théâtre antique, érigé au début du règne d'Auguste, sur la colline de l'Hauture, subsistent deux colonnes, les 33 rangées de gradins restaurés et l'*orchestra,* où prenait place le chœur. La scène, profonde de 6 m, conserve deux colonnes corinthiennes.

◆ Le musée de l'Arles-Antique

Av. de la Première-Division-de-la-France-Libre. Ouvert tlj de 10 h à 17 h. Entrée payante.

Il abrite l'Institut de recherche sur la Provence antique et présente les collections antiques de la ville, dont **le torse d'Apollon** et une statue colossale d'Auguste.

➤ L'église Saint-Trophime

Place de la République, elle est, avec son cloître carré de style romano-gothique, sa tour carrée, **son portail richement ornementé** et sa nef haute de 20 m, l'un des chefs-d'œuvre provençaux.

Lucien Clergue : objectif Camargue

Picasso et Cocteau ont révélé le photographe arlésien, qui allait faire naître un style des eaux de la Camargue. L'œuvre de Lucien Clergue est inspiré de rencontres : Paul Eluard, Jean Renoir, Saint-John Perse. Et, s'il est devenu célèbre grâce à ses évocations du corps féminin né des vagues camarguaises, son objectif curieux a illustré aussi bien la tauromachie, l'univers gitan, que tous les thèmes et paysages qui font l'identité du delta du Rhône. Lucien Clergue est à l'origine des Rencontres internationales de la photographie, qui se tiennent chaque été à Arles, ainsi que de l'Ecole nationale de la photographie, créée en 1982.

➤ Le museon Arlaten

Ouvert tlj de 9 h 30 à 12 h 30 et de 14 h à 17 h. Fermé lundi. Entrée payante.

Dans l'hôtel des Laval-Castellane, du XVIe siècle, ce musée ethnographique, imaginé par Frédéric Mistral, expose **les meubles et les costumes de la région d'Arles.**

Les arènes d'Arles ont été remarquablement conservées.

➤ La Fondation Van-Gogh

24 bis, rond-point des Arènes. Ouvert tlj de 10 h à 19 h du 1er avril au 15 octobre, 9 h 30 à 12 h et 14 h à 17 h 30 le reste de l'année.

L'ancien hôtel-Dieu a été reconstitué dans l'état où il était lors de l'internement du peintre. Cette visite est l'occasion d'évoquer sa présence dans la région entre février 1888 et mai 1889, époque où il peignit, notamment, la série des *Tournesols*.

Suivez le guide !

Pour découvrir la culture camarguaise, n'hésitez pas à assister aux fêtes taurines, dont la féria du week-end pascal aux arènes d'Arles et la féria du riz en septembre.

La Provence de Mistral

➤ La Camargue

Jamais marais n'a connu pareil engouement touristique : avec ses reflets liquides piquetés de flamants roses, ses taureaux noirs en liberté, ses gardians montés sur de vifs petits chevaux blancs, son **riche milieu naturel,** ses fêtes gitanes et ses rizières, la Camargue de carte postale est encore jeune. Elle est née de l'amour d'un aristocrate aixois, Folco de Baroncelli, pour ce monde amphibie inhospitalier, à la fin du XIXe siècle. Toute sa vie, il a œuvré pour la défense des traditions camarguaises, liées aux taureaux, aux chevaux et aux fêtes.

◆ Les Saintes-Maries-de-la-Mer

A 37 km au sud d'Arles.

Dans le parc ornithologique de Pont-de-Gau, les flamants roses peuvent être facilement admirés.

Regroupé autour de son église romane fortifiée, ce village de pêcheurs, autrefois isolé, est bâti sur un îlot sablonneux, à l'embouchure du Petit Rhône. Tous les 24 et 25 mai, il est le lieu de grands rassemblements gitans, à l'occasion d'un **pèlerinage** ♥ haut en couleur, en l'honneur de Marie Jacobé et Marie Salomé, les deux saintes Marie.

Une réserve nationale

Le parc naturel régional de Camargue a été créé pour préserver un milieu unique, dont la richesse biologique est la conséquence des apports d'eau et de sel, sur une terre humide, peuplée de nombreuses espèces végétales et animales. Il comprend la réserve nationale de Camargue, qui couvre un territoire de plus de 13 000 ha, du nord de l'étang de Vaccarès jusqu'à la mer. Le public peut y accéder à partir du domaine de la Capelière, où sont aménagés des sentiers d'observation.

◆ Salin-de-Giraud

A 45 km au sud d'Arles.

De l'autre côté du delta, où le Grand Rhône se jette dans la mer, Salin-de-Giraud perpétue la mémoire de l'aventure du sel camarguais, entreprise à la fin du XIXe siècle. Les tables salantes les plus étendues d'Europe produisent chaque année près de 800 000 tonnes de sel.

Les Alpilles sont une des terres d'élection des oliviers de Provence.

Les Alpilles

Berceau de la Provence éternelle, les Alpilles forment un terroir bien distinct, entre Arles et Salon, au sud d'Avignon. Avec ses villages renommés, ses champs d'oliviers, ses traditions pastorales, cette petite chaîne de montagnes calcaires est chantée par de nombreux amoureux de la Provence.

◆ Fontvieille

Moulin de Daudet, à 9 km au sud-ouest des Baux-de-Provence. Ouvert tlj de 9 h à 12 h et de 14 h à 18 h.

Entre Arles et les Baux-de-Provence, ce village a été immortalisé par **Alphonse Daudet,** qui, au cours d'un séjour, y a écrit *Les Lettres de mon Moulin.* En 1935, la Société des amis de Daudet a choisi d'y restaurer un moulin ♥, pour y ouvrir un musée.

◆ Les Baux-de-Provence

A 16 km à l'est de Tarascon.

Au cœur des Alpilles, sur un piton calcaire, Les Baux, qui évoquent encore la Renaissance, dominent une mer d'oliviers et de vignes. Il ne faut pas manquer **le château, les rues pittoresques** et le spectacle féerique de **la cathédrale d'images projetées dans les anciennes carrières de calcaire.**

◆ Saint-Rémy-de-Provence

A 10 km au nord des Baux-de-Provence. Cité gallo-romaine de Glanum. Ouvert de 9 h à 12 h et de 14 h à 17 h. Fermé jours fériés. Entrée payante.

Une promenade dans les ruelles de Saint-Rémy doit se compléter par la visite du **site de Glanum avec son arc triomphal** 👁 **et le mausolée des Jules.**

◆ Eygalières

A 18 km à l'est de Saint-Rémy.

Ce joli village se distingue par son donjon carré et sa tour de l'horloge, édifiée en 1676 avec les pierres de l'ancien château.

Tarascon et Beaucaire

A 16 km au nord d'Arles.

Voisines et longtemps rivales, Tarascon et Beaucaire, avec leurs imposants châteaux médiévaux surplombant le Rhône, furent d'authentiques carrefours de l'histoire.

La première est à l'origine d'une légende qui met en scène **la Tarasque,** monstre qui, chaque année, sortait du fleuve pour dévorer son lot de jeunes gens.

La Crau

L'ancien delta de la Durance est une immense plaine de galets, formée il y a deux millions d'années entre le Rhône, l'étang de Berre et le sud des Alpilles. Dans ce paysage uniforme et sec, **la végétation évoque la steppe.** Espace traditionnellement parcouru par la transhumance, il est un lieu de prairies qui produisent un foin de grande qualité.

Avignon

10 km

15 min

TAXI

15 €

Née sur le rocher des Doms, où s'étaient réfugiés les premiers habitants des lieux, quatre mille ans avant notre ère, Avignon n'a cessé de rayonner sur la contrée. Capitale de la chrétienté, **cité des Papes,** premier rôle sur la scène du théâtre mondial, Avignon a souvent été chantée, en particulier sur son pont légendaire, devenu l'un de ses symboles.

La cité des Papes

L'architecture de la ville a été modelée par les papes entre 1309 et 1378. Elle s'est dotée d'une cathédrale, d'une université, d'un palais, de remparts, de nombreuses églises… Le départ des papes n'a pas signifié sa mise en sommeil, comme le montrent **les hôtels particuliers** de l'aristocratie locale du

La cour d'honneur du palais des Papes accueille chaque été le festival de théâtre d'Avignon.

XVIIIe siècle et les édifices bordant les rues de la vieille ville.

◆ Le palais des Papes

Place du Palais. Ouvert tlj de 9 h 30 à 16 h 45 de novembre à mars, 9 h à 19 h d'avril à octobre. Entrée payante.

Cet ensemble gothique du XIVe siècle est unique avec sa cour d'honneur, les salles du Consistoire et des Festins, **les chambres à coucher du souverain pontife ♥ et du Cerf,** la chapelle pontificale et la salle de la Grande-Audience.

◆ La cathédrale Notre-Dame-des-Doms

Sur **la place du Palais, le plus ancien édifice religieux d'Avignon** fut construit au XIIe siècle et remanié au XVe siècle. On notera le narthex, la longue nef, les chapelles intérieures et le tombeau de Jean XXII.

◆ Le pont Saint-Bénézet

A l'origine, il franchissait le Rhône et comptait 22 arches pour une longueur de 850 m. Régulièrement détruit par les crues, il fut reconstruit jusqu'au XVIIe siècle. Sur la seconde pile, **la chapelle Saint-Nicolas** est dédiée au patron des mariniers.

◆ Le musée Calvet

Rue Joseph-Vernet. Ouvert tlj de 10 h à 13 h et de 14 h à 18 h. Fermé mardi. Entrée payante.

Dans un hôtel particulier du XVIIIe siècle, il réunit des ensembles préhistoriques, égyptiens, grecs et romains, des objets d'art et une collection de peintures, de la Renaisssance au début du siècle.

Les trois coups de l'été

Séduit par la cour d'honneur du palais des Papes quand il monta *Richard II,* de Shakespeare, en 1947, Jean Vilar, qui dirigeait le Théâtre national de Paris (TNP), donna naissance au plus célèbre rendez-vous théâtral de l'été. Il a vu passer les gloires de toutes les époques, de Gérard Philipe et Jeanne Moreau, en 1951, à Isabelle Huppert, en 2000, sans oublier les autres formes artistiques : la peinture avec Picasso, la danse avec Maurice Béjart... Le festival In et ses grands spectacles et le festival Off, destiné à révéler jeunes comédiens et nouveaux auteurs, attirent chaque été plus de 100 000 spectateurs entre le 10 juillet et le 5 août.

Suivez le guide !
Pour vous imprégner de l'atmosphère vivante et estudiantine d'Avignon, promenez-vous dans **la rue des Teinturiers,** le long de la Sorgue, où les fabricants d'indiennes lavaient leurs cotonnades peintes.

Le pays d'Avignon

➤ Villeneuve-lès-Avignon

A 2,5 km au nord-ouest d'Avignon.

De l'autre côté du Rhône, Villeneuve-lès-Avignon, ancienne cité de villégiature des papes, garde de cette époque **la tour Philippe-le-Bel,** face au pont Saint-Bénézet, la collégiale Notre-Dame, **la chartreuse pontificale du Val-de-Bénédiction** et le fort Saint-André, avec son abbaye bénédictine.

➤ Barbentane

A 11 km au sud-ouest d'Avignon. Château ouvert tlj de Pâques à la Toussaint de 10 h à 12 h et de 14 h à 18 h.

Les enfants sont souvent à l'honneur dans les fêtes de la région.

Fermé mercredi, sauf juillet, août et septembre. Entrée payante.

En aval d'Avignon, ce village, bâti sur le versant nord de la Montagnette, est remarquable pour son château et la tour Anglica.

➤ Sorgues

Sorgues possède quelques vestiges de son passé. Le plus beau est **le parc du château de Brantes.**

➤ Cavaillon

A 13 km au sud d'Avignon.

Dans la ville du melon subsistent quelques témoignages historiques intéressant : l'arc de triomphe romain, **la cathédrale Saint-Véran,** avec son cloître et ses chapelles, la synagogue du XVIe siècle. On a, depuis la chapelle Saint-Jacques, un beau panorama sur la ville.

Orange

Lieu de passage depuis l'Antiquité, l'ancienne colonie romaine d'Arausio, au riche patrimoine architectural, a connu une période dynamique et agitée, lorsqu'elle fut possession hollandaise, au XIIIe siècle. Terre d'accueil protestante, elle subit les guerres de Religion et dut attendre 1713 pour être rattachée au royaume de France.

◆ Le théâtre antique

Place des Frères-Mounet. Ouvert tlj de 9 h à 12 h et de 13 h 30 à 17 h d'octobre à mars, 9 h à 18 h 30 le reste de l'année. Entrée payante.

Différentes utilisations du monument, au cours de l'histoire, lui ont permis de rester en bon état. Prosper Mérimée, inspecteur des Monuments historiques, au XIXe siècle, fit dégager les constructions qui le parasitaient. Pour ériger **les gradins, qui pouvaient accueillir 7 000 personnes,** les architectes ont utilisé la pente de la colline Saint-Eutrope. Une niche du mur de scène abrite la statue impériale d'Auguste. Le mur extérieur, bien conservé, mesure 103 m de long sur 36 de haut. Chaque été, depuis 1902, ses qualités acoustiques en font l'un des grands rendez-vous de l'art lyrique, à l'occasion des Chorégies.

◆ L'arc de triomphe

Bâti en calcaire, à l'extérieur des anciens remparts, au nord de la ville, il est surmonté de deux attiques. Transformé en ouvrage de défense au XIVe siècle, il a retrouvé son apparence actuelle, après restauration.

◆ La cathédrale Notre-Dame-de-Nazareth

Place Clemenceau.

Transformé à plusieurs reprises, et restauré après les guerres de Religion, cet édifice roman se compose d'une **nef unique à quatre travées, surmontée d'une coupole.**

Les terrasses du Rhône

› Vaison-la-Romaine

A 28 km au nord-est d'Orange.

Au nord du Vaucluse, Vaison-la-Romaine, depuis sa position stratégique, à cheval sur les deux rives de la capricieuse et redoutable Ouvèze, est le fruit d'une longue histoire. Commencée avec l'oppidum celte des Voconces, elle a continué de façon plus imposante avec les Romains, qui y édifièrent de nombreux monuments. Restent les vestiges d'un **théâtre qui pouvait accueillir 7 000 personnes** et du quartier de Puymin avec ses colonnades, ses villas et ses anciens thermes. **Le pont gallo-romain** qui enjambe l'Ouvèze de son arche unique est une vraie curiosité.

Enfin, il faut visiter l'ancienne cathédrale Notre-Dame-de-Nazareth et emprunter les ruelles de la haute ville, pour accéder au **château des comtes de Toulouse,** perché sur une falaise.

› Le Vaisonnais

Le pays du Vaisonnais, qui compte de nombreux villages, s'organise de façon géographique autour du mont Ventoux.

◆ Les villages pittoresques

Au nord, dans la plaine alluviale de l'Aigues, **Sainte-Cécile-les-Vignes**, Cairanne, Rasteau et Roaix dressent leurs églises, leurs châteaux et leurs tours au milieu des vignes.
A l'est, la vallée étroite creusée par les eaux du Toulourenc est le domaine des villages perchés et montagnards : Entrechaux, **Brantes,** Savoillan.
Au sud, les pentes ensoleillées du Ventoux ont été conquises par des villages d'où l'on a de jolis panoramas sur les vergers de cerisiers et les vignobles. On retiendra **Séguret**, Crestet, Malaucène, Le Barroux, Crillon-le-Brave, Bédoin.

◆ Les Dentelles de Montmirail

Au sud de Vaison-la-Romaine.

Ce massif calcaire, qui culmine à 734 m, porte bien son nom, avec sa crête découpée et ses lames de rochers qui jaillissent de la forêt. Idéal pour la promenade et l'escalade, il offre des points de vue spectaculaires.

◆ Le terroir des Côtes-du-Rhône

Très tôt appréciées pour leurs qualités agricoles et climatiques, les terrasses caillouteuses de la plaine du Comtat, à l'est du Rhône, sont le domaine des côtes-du-rhône. Les papes en firent le vin de leur cour et le premier décret d'A.O.C., autour de 13 cépages, le consacra en 1929. **Les villages qui le produisent, tels Châteauneuf-du-Pape, Gigondas, Vacqueyras, Beaumes-de-Venise,** constituent des étapes incontournables où il est conseillé de visiter les caves de domaines prestigieux.

Le mont Ventoux

Au nord-est de Carpentras.

Sec et aride l'été, calotté de blanc l'hiver, il est le domaine de **vents impitoyables** qui peuvent atteindre des pointes de près de 300 km/h et qui lui ont donné son nom, tout comme le col des Tempêtes, emprunté pour rejoindre Sault à Malaucène par de légendaires étapes du Tour de France.

En partie couvert par une forêt de cèdres, le versant sud descend au milieu des vignes et des arbres fruitiers, vers la plaine de Carpentras.

Carpentras

A 25 km au nord-est d'Avignon.

Accrochée à son promontoire au-dessus de l'Auzon, la capitale de l'ancien Comtat Venaissin a de tout temps été un centre économique de premier plan. Les marchés furent importants jusqu'au XIXe siècle, à l'époque du déclin du ver à soie et des ravages du phylloxéra dans la vigne.

Des périodes fastes, la ville actuelle garde quelques édifices, dont l'hôtel-Dieu avec sa façade à l'italienne, **la cathédrale Saint-Siffrein,** dont la porte s'orne d'une « boule aux rats », symbole du temps qui ronge le monde, la synagogue, le palais de justice et la chapelle du collège des jésuites.

Depuis Sainte-Cécile-les-Vignes, on devine la haute silhouette du Ventoux.

Bleu lavande à perte de vue, près de Sault et sur le plateau de Valensole.

Le pays de Sault

A 40 km à l'est de Carpentras.

Dominant l'irrégulier damier des champs de blé, de lavande et d'épeautre, Sault ❤, ancien bourg médiéval aux ruelles étroites, est un centre touristique très animé l'été, au mois de juillet, lorsque fleurit la lavande.

Le Luberon

Petite chaîne de montagnes qui ne dépasse pas 1 100 m, à égale distance des Alpes et de la Méditerranée, le Luberon est une terre de mystères et de sortilèges. Entre la Durance et le Calavon, **il déroule ses paysages sauvages ou travaillés par l'homme, conquis par des villages perchés et recelant des chefs-d'œuvre architecturaux.** Avec son parc naturel régional, le Luberon est un pays à la mode, qui a su garder son originalité tout en étant une étape incontournable d'une découverte de la Provence.

L'Isle-sur-la-Sorgue ❤

A 17 km au sud de Carpentras.

La « Venise du Comtat » est charmante **avec ses entrelacs de ruelles et de canaux, ses quais, ses escaliers et ses lavoirs.** La ville où naquit le poète René Char compte quelques beaux édifices tels que l'église Notre-Dame-des-Anges, l'hôpital et ses collections de vases de Moustiers…

Fontaine-de-Vaucluse

A 7 km de l'Isle-sur-la-Sorgue.

Près du village qui a donné son

Lavandes et lavandin

Connue de longue date pour ses qualités odoriférantes, la lavande était déjà utilisée par les Romains, qui en parfumaient leurs bains et leur linge. Elle est cultivée sur le plateau de Sault depuis le début du XXe siècle.
On distingue essentiellement deux variétés : la « grande lavande » ou « aspic » et la « lavande fine » ou « vraie », utilisée en thérapeutique et en parfumerie, après distillation, pour produire l'huile essentielle.
Le « lavandin », plutôt cultivé sur le plateau de Valensole, est un hybride de ces deux variétés.

Gordes, un des villages les plus célèbres du Luberon.

nom au département, on découvre **la résurgence mystérieuse de la Sorgue,** dont les eaux vertes et le gouffre insondable sont l'objet d'une curiosité mondiale.

Les gorges de la Nesque

Sur le versant nord du Ventoux, la Nesque a creusé des gorges impressionnantes, qui constituent un site grandiose.

Gordes et l'abbaye de Sénanque

A 18 km au nord-est de Cavaillon.

Dressé au bord du plateau du Vaucluse, face au Luberon, ce village en pierre est un haut lieu du tourisme. On en retient l'image de carte postale de **l'abbaye cistercienne de Sénanque,** lorsque la lavande est en fleur. Il ne faut pas manquer **le village des Bories,** avec ses bergeries, ses enclos et ses ruelles en pierre sèche, caractéristiques de ce terroir.

Roussillon

A 13 km au nord-ouest d'Apt.

Perché au sommet de son piton, **le village offre la palette infinie des nuances de l'ocre,** du rouge sang au jaune d'or, utilisé comme enduit de façades.

Apt

Au cœur du Luberon, l'ancienne cité romaine et ville épiscopale s'annonce comme **la capitale mondiale des fruits confits.** Il faut visiter la cathédrale, qui abrite des reliques attribuées à sainte Anne, la mère de la Vierge, admirer la tour de l'horloge, les hôtels particuliers, les fontaines et les vieilles rues.

Les villages du Luberon

Avec sa célèbre **forêt de cèdres,** le Luberon se divise en deux parties : à l'ouest, le Petit Luberon et, à l'est, le Grand Luberon. Les villages perchés sont autant d'étapes charmantes dans la découverte du massif.

Sur le versant nord du Luberon se nichent **Oppède** et son église, **Ménerbes,** son église, son château et sa vue sur le Luberon, **Lacoste,** le château du marquis de Sade et le pont Julien, **Bonnieux,** son castellas, son église et son musée de la Boulangerie. Au sud, ce sont **Cucuron,** sa tour

Le « Colorado provençal »

Les anciennes carrières de **Rustrel** *(à 10 km au nord-est d'Apt)* sont un lieu de découverte d'une exceptionnelle beauté avec des sentiers balisés, au milieu de paysages fantastiques composés de cheminées de fée colorées, de collines entaillées de rouge, d'aiguilles de feu... L'origine des carrières remonte à la découverte des qualités de l'ocre, au XVIIIe siècle. Durant plus d'un siècle, elle fut commercialisée dans le monde entier comme colorant naturel sous forme de poudre, avant d'être supplantée par les colorants chimiques. L'association « Terre des ocres » essaie de redonner vie aux anciennes carrières en aménageant des circuits de découverte. Pendant les visites, attention aux tenues claires et fragiles !

Des sentiers permettent de découvrir les anciennes carrières d'ocre.

Saint-Michel et sa tour de l'horloge, **Ansouis** et son église romane, **La Bastide-des-Jourdans** et son château médiéval...

◆ Lourmarin

A 39 km à l'est de Cavaillon.

Typique pour son architecture méditerranéenne, le village est dominé par un **château Renaissance.** Il joua longtemps le rôle de « villa Médicis de Provence », qui accueillit quelques gloires artistiques, dont Albert Camus, et demeure un centre culturel actif à la belle saison.

La vallée de la Durance

➤ Mirabeau

A 15 km à l'est de Pertuis : 21 km au sud-ouest de Manosque.

Au-dessus du village se dresse le château aux quatre tours rondes construit par les ancêtres du député qui siégea aux états généraux. Au sud du bourg, où la vallée se resserre, le pont qui franchit la Durance est dominé par la jolie **chapelle romane Sainte-Madeleine.**

➤ Pertuis

A 20 km au nord d'Aix-en-Provence.

Traditionnellement carrefour de communication entre la mer, le Rhône et la montagne, Pertuis a conservé de nombreuses traces de son passé : la maison dite de la Reine-Jeanne, le vieil étal (XIe siècle), la maison de François Ier, la tour de l'horloge...

Cadenet

A 33 km à l'est de Cavaillon.

Divers lieux chargés d'histoire et de témoignages constituent le patrimoine de ce gros bourg. On remarque le site du château féodal, l'église Saint-Etienne, mi-gothique, mi-romane, et la statue du **Tambour d'Arcole,** originaire de Cadenet.

L'abbaye de Silvacane

A 7 km au sud de Cadenet.

Edifiée à partir de 1175 sur la rive gauche de la Durance, en face de Cadenet, l'abbaye de Silvacane est de **pur style roman.** D'une grande sobriété, elle respecte parfaitement les plans types des abbayes bénédictines et la vie des moines, rythmée par la prière.

Le Luberon dans son parc

Menacé par son succès, le Luberon a dû être protégé. La solution du parc naturel régional a été adoptée en 1977. Il regroupe une soixantaine de communes, qui ont approuvé la charte destinée à protéger les espaces naturels tout en maintenant le cadre de vie. Classé réserve de la biosphère par l'Unesco en 1997, il possède une réserve naturelle géologique et peut se découvrir grâce à la Maison du parc, à Apt, et à plusieurs circuits : le sentier des ocres à Roussillon, le sentier botanique de la forêt des Cèdres, le sentier « Entre villes et collines » à Cavaillon, le Conservatoire des terrasses de culture à Goult..

Suivez le guide !

Découvrir les trésors de la Provence architecturale, c'est nécessairement consacrer une visite aux trois abbayes cisterciennes, de Silvacane, de Sénanque et du Thoronet, justement baptisées « les Trois Sœurs ».

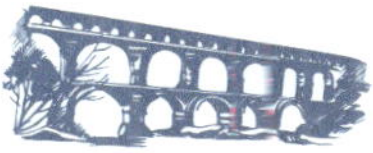

L'abbaye de Sénanque, une des trois abbayes cisterciennes de Provence.

La Côte d'Azur et la Riviera

Quand Stéphen Liégeard, le sous-préfet aux champs qui inspira Alphonse Daudet, inventa la « Côte d'Azur », en 1887, rien n'indiquait le succès définitif qu'elle acquerrait. Qu'on la fasse débuter à Hyères, qu'elle englobe tout le littoral varois, qu'elle comprenne ou non le rivage de l'ancien comté de Nice, baptisé parfois « Riviera française », la Côte d'Azur fascine et attire toujours.

Toulon

25 km

40 min

TAXI
40 €

BUS
9 €

➤ Le port

Centre de gravité de la ville, dont la vocation militaire s'est développée depuis le XVe siècle, le port s'est affirmé lorsque Richelieu décida de créer une marine militaire. Avec son arsenal, il n'a jamais cessé d'être au cœur de l'histoire militaire française. Toulon n'oublie pas le bagne qui y fut installé en 1748, pas plus que le sabordage de la flotte, en 1942, ni les destructions dues à la guerre.

◆ Les quais

Entre la préfecture et la gare maritime, **les quais** sont une des belles promenades de la ville. On y apprécie les terrasses des cafés face à la mer, l'hôtel de ville avec ses atlantes sculptés par Pierre Puget, la statue du *Génie de la Mer* et la tour de l'horloge de l'arsenal.

◆ Le musée de la Marine

Place Monsenergue. Ouvert tlj de 10 h à 12 h et de 14 h à 18 h. Fermé le mardi. Entrée payante.

Près de la préfecture maritime, le musée se trouve dans un bâtiment auquel l'on a ajouté, en façade, l'ancienne porte monumentale de l'arsenal. Peintures, proues, maquettes, armes, trophées retracent la riche histoire de la marine française.

Les petits ports de pêche sont encore actifs sur la côte varoise.

➤ La vieille ville

La vieille ville est accessible depuis le port. L'itinéraire emprunte **le cours Lafayette,** où se tient un marché provençal coloré. On arrive à **la cathédrale Sainte-Marie,** mélange de styles roman, gothique et baroque.

Si l'on remonte jusqu'au boulevard de Strasbourg, grande artère qui traverse la ville, on découvre **l'Opéra municipal, l'un des plus beaux bâtiments de la ville** ♥.

◆ Le musée d'Art et d'Histoire naturelle

113, bd Maréchal-Leclerc. Ouvert tlj de 12 h 30 à 18 h. Fermé jours fériés. Entrée libre.

Ce musée possède de belles collections d'œuvres classiques et contemporaines et notamment des peintures 👁 de l'école provençale du XIXe siècle, autour de **Courdouan,** Loubon ou Guigou.

Suivez le guide !

Pour découvrir toute la ville, son port, les unités de la Marine nationale et l'ensemble de la rade, n'hésitez pas à emprunter, sur les quais, les embarcations des bateliers, qui organisent tous les jours des visites commentées.

➤ Le Mourillon et la corniche

La corniche qui conduit de Toulon jusqu'au Pradet, à l'est, débute par le joli quartier du **Mourillon, regroupé autour de son port de pêche** ♥ et des plages, rendez-vous de la jeunesse toulonnaise, l'été. A l'extrémité du port se dresse **le fort Saint-Louis,** qui commande la rade. Vient ensuite le cap Brun, quartier résidentiel, d'où de petites routes descendent vers des criques avec leurs maisons de pêcheurs : **les anses Magaud ou Méjean.**

➤ Le mont Faron

Du haut de ses 584 m, le mont Faron, au pied duquel Toulon s'est construite, présente un panorama exceptionnel sur la rade, que l'on qualifie ici de « plus belle d'Europe ». Par beau temps, la vue y est unique. On atteint le sommet par un téléphérique ou par une route en sens unique, qui permet également de visiter le Mémorial du Débarquement d'août 1944.

L'aire toulonnaise

Les beaux villages varois ne manquent jamais d'être fleuris.

La Cadière-d'Azur et Le Castellet ♥

A 25 km à l'ouest de Toulon.

Perchés sur des collines qui se font face, séparées par le vignoble de Bandol, ces deux villages sont **parmi les plus beaux de la région.**

La Cadière-d'Azur se distingue de loin grâce au clocher de l'église Saint-André, du XVIe siècle. Les charmantes ruelles comptent de nombreux commerces de souvenirs et d'artisanat.

Le Castellet a gardé son caractère médiéval. On y entre par deux portes fortifiées et l'on peut accéder au château seigneurial du Xe siècle, en partie occupé par l'hôtel de ville.

Ollioules

A 5 km à l'ouest de Toulon.

Le village est connu pour son **huile d'olive.** On y visitera son **église Saint-Laurent, du XIe siècle,** les ruines de son château féodal et les vestiges d'un oppidum celto-ligure.

Sanary et Bandol

A 15 et 17 km à l'ouest de Toulon.

La banlieue toulonnaise se pare, à l'ouest, de larges baies où les anciens villages de pêcheurs ont, depuis 50 ans, revêtu les habits de coquettes stations à la mode : **Bandol, Sanary.** La proximité des **îles de Bendor et des Embiez,** siège de la Fondation Paul-Ricard, consacrée à la recherche océanographique et à la biologie marine, n'a fait qu'accentuer le développement d'importants ports de plaisance.

En suivant la route vers **le cap Sicié,** on traverse **Le Brusc** ♥ *(à 6 km au sud de Sanary),* qui a su garder son caractère de petit port de pêche provençal, avec ses pointus et ses pêcheurs remaillant leurs filets.

Le Pradet et Carqueiranne

A 10 km à l'est de Toulon.

L'île des Embiez est à quelques encablures de Sanary et du Brusc.

A l'est de Toulon, la côte rocheuse laisse la place à quelques plages et à de jolies criques. **Le Pradet avec le port des Oursinières** puis **Carqueiranne avec celui des Salettes** marient leur double vocation : rester d'importants centres de productions florales (la tulipe à longue tige est une spécialité de Carqueiranne) tout en accueillant le tourisme familial.

Bandol : un vin de 25 siècles

Bien qu'il produise davantage de rosé, le vignoble de Bandol s'est surtout fait connaître par son rouge. Cultivé en terrasses qui regardent la mer, offert au soleil du Midi, celui-ci est en fait presque étranger au territoire de Bandol, car en grande partie cultivé sur les communes voisines : **La Cadière-d'Azur, Le Castellet, Ollioules, Evenos, Saint-Cyr-sur-Mer** et **Le Beausset.** La tradition viticole remonte ici au Ve siècle avant notre ère. Les Romains l'ont développée, profitant de la situation de la rade de Bandol, avant que la cour des rois de France ne fasse du bandol un de ses vins favoris. Le rouge est un excellent vin de garde et le rosé, très clair, privilégie les arômes.

Hyères

A 18 km à l'est de Toulon.

Hyères fut **la première des stations climatiques hivernales** fréquentées sur la côte par l'aristocratie anglaise au XIXe siècle. Avant Menton et Nice, elle se couvrit de jardins extraordinaires, de palaces et de villas luxueuses pour accueillir des célébrités du monde entier, dont la reine Victoria. **De cette époque, il reste quelques immeubles de style, tels que le Park-Hôtel, le Grand Casino, ainsi que l'hippodrome et des villas mauresques remarquables.** Plusieurs personnalités ont marqué la ville de leur présence : Alexis Godillot (rendu célèbre pour son invention de nouvelles chaussures militaires) a laissé une villa étonnante, **Charles et Marie-Laure de Noailles** ont fait bâtir, sur la colline du château, une villa moderne cubiste, où ils reçurent des gloires du monde artistique.

Le vignoble de Bandol est cultivé depuis 2 500 ans.

Mais Hyères, capitale des palmiers et de la fleur coupée, possède d'autres édifices plus anciens : **la tour des Templiers,** en haut de la vieille ville, et **la collégiale Saint-Paul,** où l'on peut admirer une collection d'ex-voto.

Les îles d'Or

Traversées tlj depuis La Tour-Fondue, sur la presqu'île de Giens, le port d'Hyères et Le Lavandou.

Grecs et Romains les appelaient

Une presqu'île unique

Si Hyères peut se vanter d'offrir les plus longues plages du littoral varois, elle le doit à une curiosité géographique : **la presqu'île de Giens.** Elle est reliée au continent par un double tombolo, deux cordons de sable qui délimitent entre eux un marais évoquant la Camargue avec ses flamants roses et ses aigrettes. Longtemps exploité pour son sel, celui-ci a récemment fait l'objet d'une mesure de classement. Sur la presqu'île, le hameau de Giens *(à 12 km au sud de Hyères)* et les petits ports de pêche de La Madrague et du Niel font de charmants lieux de promenade.

Stœchades. **Porquerolles, Port-Cros** et **Le Levant,** au large de Hyères, ont été les témoins de toutes les étapes de l'histoire locale et l'objet de nombreuses conquêtes, comme le montrent les forts qui y sont érigés.

Porquerolles, l'île aux vélos, avec les eaux cristallines de la plage d'Argent, sa place aux allures mexicaines avec l'église Sainte-Anne, le fort Sainte-Agathe, est un lieu de villégiature idéal.

Port-Cros, qui se visite à pied, bénéficie du statut de parc national et possède une **végétation méditerranéenne authentique.**

L'île du Levant, en grande partie militaire, accueille chaque été, dans son petit village d'Héliopolis, des naturistes du monde entier.

La côte varoise

➤ Le Lavandou

A 22 km à l'est de Hyères.

Avant tout station estivale, Le Lavandou est connu pour sa longue plage et son port de plaisance qui fait face à l'île du Levant et à Porquerolles. Une balade est conseillée vers **le cap Bénat** et ses plages de sable blanc qui évoquent les mers du Sud. De la plage de Brégançon, on découvre le fort du même nom, résidence officielle du président de la République.

Des forts, tels que celui de l'Alycastre, à Porquerolles, rappellent l'histoire mouvementée des îles d'Or.

Bormes-les-Mimosas, charmant village avec ses ruelles étroites et ses jardins fleuris.

Bormes-les-Mimosas

A 2 km au nord-ouest du Lavandou.

Des ruelles étroites, des jardins fleuris, des porches en pierre, des portes anciennes, des escaliers qui grimpent : au-dessus du Lavandou, Bormes-les-Mimosas, avec son air médiéval, est un des villages à voir de la côte varoise. Dominé par les vestiges du château des seigneurs de Fos, Bormes porte parfaitement son titre de **premier village fleuri de France.**

La presqu'île de Saint-Tropez

A 33 km à l'est du Lavandou.

Brigitte Bardot et les stars du cinéma des années 60 l'ont fait connaître dans le monde entier. A l'origine, rien ne prédisposait particulièrement Saint-Tropez à devenir un des hauts lieux de la jet-set.

Les Grecs y firent halte, les Sarrasins la détruisirent, en 1441, elle s'entoure de remparts et devient république autonome, au XVIIe siècle est bâtie la citadelle au-dessus du village.

En quarante ans, **Saint-Tropez a bien changé, mais a réussi à préserver son caractère de village de pêcheurs, que l'on redécouvre en hiver.** Le port, avec ses cafés, ses peintres du dimanche et ses yachts de milliardaires, la place des Lices, où les célébrités du show-biz disputent de mémorables parties de boules, sont les images que veulent voir les visiteurs de « Saint-Trop », l'été.

Le musée de l'Annonciade

Quai de l'Epi. Ouvert tlj de 10 h à 12 h et de 14 h à 18 h. Fermé mardi et jours fériés. Entrée payante.

Occupant l'ancienne chapelle de l'Annonciade, au bout du port, ce petit musée, grâce à de superbes collections de peintures, retrace toute l'aventure picturale de Saint-Tropez (Matisse, Bonnard, Signac, Camoin, Dunoyer de Segonzac...).

Ramatuelle

Perché sur la presqu'île, **le village, d'où la vue s'étend sur tout le golfe,** émerge des vignobles et se distingue par la tour de l'église Notre-

Dame. Les ruelles étroites, la place et l'église constituent les curiosités de Ramatuelle, encore marquée par la présence de Gérard Philipe.

◆ Port-Grimaud

Le village lacustre sorti des sables en 1966, grâce au crayon de l'architecte François Spoerry, a su garder un style provençal, avec ses **maisons colorées** et ses ponts qui se reflètent dans l'eau des canaux.

➤ Sainte-Maxime

A 14 km de Saint-Tropez, de l'autre côté du golfe.

Face à Saint-Tropez, de l'autre côté du golfe, Sainte-Maxime offre de jolies promenades sur le front de mer. On retient sa **longue plage,** la tour carrée et l'église Sainte-Maxime.

L'aqueduc romain, dont il reste de beaux vestiges, servait à alimenter Fréjus en eau.

➤ Fréjus

A 30 km à l'ouest de Cannes.

Jules César l'avait choisie pour en faire une cité dominant tous les environs et un port de première importance ; le pape saint Léonce en fit un important évêché dès 374. De ces rendez-vous avec l'histoire, Fréjus garde de nombreuses traces.

De la ville romaine, **le forum Julii,** il reste quelques beaux vestiges, dont le plus imposant est **l'amphithéâtre,** qui pouvait initialement contenir 10 000 personnes. Il sert de nos jours de lieu de spectacles et d'arènes pour les corridas. Non loin s'élèvent deux monumentales colonnes romaines.

Au cœur de la vieille ville, **la cité épiscopale** est composée de la cathédrale, signalée par son clocher octogonal, carré à la base, d'un **baptistère octogonal,** d'un cloître formant un quadrilatère irrégulier et de **la maison du prévôt.**

A la sortie de la ville subsistent les arches d'un **aqueduc** destiné à l'alimenter avec l'eau de la Siagnole.

➤ Saint-Raphaël

A 2 km au sud-est de Fréjus.

Sœur siamoise de Fréjus, qui ne forme avec elle qu'une seule et même agglomération, Saint-Raphaël est une agréable station balnéaire. Elle s'étend le long du front de mer en affichant quelques **belles villas du XIXe siècle.** Près du port : le casino et l'église néo-byzantine Notre-Dame-de-la-Victoire-de-Lépante. Dans la vieille ville, aux environs de l'église Saint-Pierre, dite des Templiers, subsistent quelques vestiges des anciens remparts.

La corniche de l'Estérel offre de magnifiques vues sur la baie de Cannes.

◆ Le Musée archéologique

Rue Vieille-Eglise. Ouvert de 10 h à 12 h et de 14 h à 17 h (15 h à 18 h de juin à septembre). Fermé dimanche, lundi et jours fériés.

Aménagé dans le presbytère, il expose une riche collection d'objets provenant de **fouilles sous-marines.**

➤ L'Estérel et la corniche ♥

Sentinelle sauvage qui plonge dans une mer d'azur en cascades de porphyre et de grès rouge, **le massif de l'Estérel est un émerveillement pour l'œil.** Entre Boulouris, la banlieue chic de Saint-Raphaël, et Théoule, qui annonce Cannes, **la corniche d'Or** épouse scrupuleusement les contours déchirés de la côte. A chaque instant apparaissent de magnifiques points de vue, que ce soit vers le cap du Dramont et sa minuscule île d'Or, la rade d'Agay, Anthéor, le cap Roux, le Trayas, la Pointe de la Galère et, enfin, la rade de Cannes et les îles de Lérins. Cet itinéraire se déroule au pied de l'imposant massif de l'Estérel, dont les sommets — le mont Vinaigre (614 m) et le pic de l'Ours (492 m) —, que l'on peut atteindre par des routes forestières, permettent, par beau temps, de découvrir les Alpes enneigées et même la Corse.

Cannes

30 km
40 min
TAXI 61 €
BUS 12 €

Rendez-vous des stars et des paillettes au cœur de la Côte d'Azur, Cannes la brillante, Cannes la sophistiquée tente de cohabiter harmonieusement avec ses quartiers anciens.

➤ Le Suquet ♥

Ce quartier historique, à l'entrée de la ville, est dominé par **la tour du Suquet,** à laquelle on accède par un dédale de ruelles raides et étroites, d'où l'on découvre un magnifique panorama sur toute la rade et le vieux port, où trône l'hôtel de ville, construit au XIXe siècle. Les quartiers du vieux port et de Forville, au pied du Suquet, restent très typiques. Son port de plaisance fait face à l'île du Levant

Le Carlton, *un des palaces les plus célèbres de la côte.*

La Croisette

Depuis le vieux port jusqu'à la pointe de la Croisette, entre la plage et les hôtels prestigieux *(Majestic, Splendid, Hilton, Carlton, Palm Beach...)*, Cannes déroule son célèbre **boulevard de la Croisette,** bordé de palmiers et lieu de rendez-vous du cinéma mondial, chaque année, pendant le festival international.

Les îles de Lérins

Traversées au départ de la gare maritime, quai Laubeuf, tlj de 9 h à 16 h 30.

A quelques encablures de la pointe de la Croisette, les îles de Lérins — Sainte-Marguerite et Saint-Honorat — offrent une occasion facile d'échapper à la frénésie de la ville et de découvrir un **riche patrimoine historique** et de **plaisants paysages.**

A Sainte-Marguerite, le fort royal du XVIIe siècle et son musée de la Mer sont le point de départ d'un sentier qui fait le tour de l'île.

Saint-Honorat perpétue sa longue tradition chrétienne dans l'enceinte de **l'abbaye de Lérins,** où vivent une trentaine de moines de la communauté de Saint-Honorat.

Sur la côte sud se dresse un **monastère fortifié.**

Le Tanneron

Le massif du Tanneron, au-dessus de la

« The » festival

Prévu pour le 1er septembre 1939, le premier festival du film de Cannes dut attendre l'après-guerre pour voir le jour, le 20 septembre 1946. Depuis, il est devenu le premier rendez-vous médiatique au monde après les Jeux olympiques. Les plus grandes stars et les starlettes les plus fugitives s'y font remarquer. Le Palais des festivals, inauguré en 1949, a laissé la place, en 1983, à un nouveau Palais, qui a repris les symboliques grands escaliers que gravissent les invités d'honneur avant chaque projection. Cannes n'a pas cessé, en un demi-siècle, de créer l'événement que le monde cinématographique attend chaque année, en mai.

baie de Cannes, n'est jamais aussi beau qu'en janvier-février, lorsque le mimosa en fleur le couvre d'or.

Mandelieu-La Napoule

A 7 km à l'ouest de Cannes.

La proximité des pentes du Tanneron l'a tout naturellement amenée à **devenir la capitale du mimosa.** Chaque année, en février, depuis 1931, cette station qui cultive son petit air « british », avec ses cottages, son terrain de polo et son golf, organise une grande fête qui attire des milliers de visiteurs.

Le Cannet et Mougins

A 3 km et 7,5 km au nord de Cannes.

Juste au-dessus de Cannes, dominant la baie, Le Cannet et **Mougins** ont accueilli, depuis l'apparition du tourisme hivernal, de nombreuses célébrités, à l'image des peintres Bonnard et Picasso, ou de Mérimée, Eluard et Cocteau. Les deux cités, avec leur patrimoine architectural et les ruelles de leurs vieux villages, attirent toujours autant de visiteurs.

Antibes-Juan-les-Pins

A 9 km à l'est de Cannes.

Première ville fondée par les Grecs sur le littoral azuréen, Antibes est longtemps restée la seule métropole entre Marseille et l'Italie. Les ruines des monuments de l'époque ont été utilisées pour les constructions du Moyen Age et de la Renaissance, dont **le château Grimaldi. Le fort Carré** demeure un très bel exemple d'architecture militaire. Enfin, le charme du vieil Antibes, avec ses ruelles en calades (pavées de pierres ou de galets), ses saveurs de marché et ses maisons accrochées les unes aux autres, est unique.

◆ Le musée Picasso

Château Grimaldi, place Marie-Jol. Ouvert tlj de 10 h à 12 h et de 14 h à 18 h. Fermé lundi et jours fériés. Entrée payante.

Dor de la Souchère, un érudit local,

Suivez le guide !

Faites le tour du cap d'Antibes par le sentier qui le contourne. Outre d'exceptionnels points de vue, vous découvrirez d'étonnants édifices, comme **la chapelle de la Garoupe** avec sa collection d'ex-voto et **l'oratoire de Notre-Dame-des-Amoureux,** qui abrite les « Amoureux de Peynet ».

sauva le château, qui tombait en ruine, pour en faire un musée où il accueillit Picasso, en 1946. Ce dernier lui fit don de 25 œuvres majeures. Aujourd'hui, le musée en compte 300, auxquelles s'ajoutent des œuvres de Léger, Atlan, Picabia, Ernst, Modigliani, Miro...

◆ Juan-les-Pins

Collée à Antibes, cette station où les pins, autrefois, venaient jusqu'à la mer, est de nos jours essentiellement fréquentée pour ses plages, ses boîtes de nuit, ses hôtels, son casino et, bien sûr, son **festival de jazz, chaque été, au mois de juillet.**

◆ Le cap d'Antibes

Signalé par le phare de La Garoupe, connu de tous les navigateurs et dominant la chapelle Notre-Dame-du-Bon-Port, le cap d'Antibes a longtemps été un **paradis pour milliardaires.** Il en subsiste quelques magnifiques résidences, villas ou palaces : Eden Roc, le château de la Croë, Eilen Roc, et une douceur de vivre exceptionnelle.

➤ Vallauris

A 6 km au nord-est de Cannes.

Traditionnellement **village de potiers** depuis l'arrivée des Génois, au XVIe siècle, Vallauris, après l'avoir perdue, a retrouvé sa vocation, grâce à Picasso, qui s'y installa en 1950. Depuis, les ateliers et les boutiques n'ont cessé de se multiplier, proposant le meilleur et le pire, aux prix les plus variés.

➤ Biot

A 8 km au nord d'Antibes.

Bien que de nombreux potiers y soient également installés, on l'appelle souvent **la « cité du verre »,** depuis qu'**Eloi Monod** y a créé la première verrerie en 1956 et que le village s'est spécialisé dans la fabrication du verre bullé.

◆ Le musée Fernand-Léger

255, chemin du Val-de-Pôme. Ouvert tlj de 10 h à 12 h 30 et de 14 h à 17 h 30. Fermé mardi et jours fériés. Entrée payante.

Inauguré en 1960, il possède une collection de 348 œuvres du maître, dont une énorme mosaïque de 500 m^2.

➤ Cagnes-sur-Mer

A 5 km à l'est de Nice.

Tous les turfistes connaissent l'hippodrome de Cagnes et, cependant, cette station balnéaire possède d'autres attraits qui ont séduit bien des visiteurs, dont **Auguste Renoir,** qui s'y installa en 1906. On retient, en particulier, la vieille ville, appelée **Haut-de-Cagnes,** et son château fort.

Nice

Nice, la ville où l'on aimerait vivre. Ce slogan pourrait avoir 400 000 ans, comme semblent l'indiquer les vestiges de *Terra Amata,* l'un des plus anciens foyers amé-

Le cours Saleya, une artère typique du Vieux-Nice.

nagés au monde. Les Grecs de Marseille le confirmèrent en fondant Nikaïa, au VIe siècle avant notre ère. Les Romains leur succédèrent. Nice fut ensuite l'objet de convoitises perpétuelles qui se manifestèrent par des rattachements successifs à la Savoie, à la Sicile, et à la France, jusqu'à ce que les Anglais en fassent l'un des lieux de promenade et de résidence les plus recherchés du XXe siècle. Aujourd'hui, Nice est la cinquième ville de France, avec le premier aéroport de province, le premier centre de congrès après Paris...

Le bord de mer

Le succès de Nice tient en premier lieu à son climat exceptionnellement doux et à sa situation au bord de la fameuse **baie des Anges**, qui constitue encore le premier choc visuel lorsqu'on arrive. Cette longue artère, bordée de palmiers et d'une large promenade, épouse la courbe de la plage jusqu'à la colline du château, derrière laquelle s'abrite le port.

C'est ici que l'on retrouve la plupart des célèbres palaces (*Royal, Negresco, West End, Westminster Concorde, Méridien...*), et des villas somptueuses.

Le Vieux-Nice

Certains disent « le vrai Nice », comme pour rendre un hommage appuyé à la ville historique, aux quartiers anciens à partir desquels le Nice actuel s'est construit. Installée entre le bord de mer, la colline du château et le cours du Paillon, la vieille ville est un labyrinthe de ruelles aux parfums méditerranéens, qui cachent de **nombreux édifices baroques** et qui conduisent presque immanquablement vers **le cours Saleya,** lieu du célèbre marché aux fleurs. Il faut noter **la chapelle de la Miséricorde** et sa riche façade, **la cathédrale Sainte-Réparade,** chef-d'œuvre baroque, **la place Saint-François** et son marché aux poissons.

◆ Le palais Lascaris

15, rue Droite. Ouvert de 10 h à 12 h et de 14 h à 18 h. Fermé lundi. Entrée payante.

Ce palais baroque fut édifié au XVIIe siècle. Son vestibule aux armes

Suivez le guide !

Nice se découvre aussi la nuit. L'itinéraire du noctambule passe forcément par les ruelles, les pubs et les terrasses du vieux quartier, où se mêlent tous les milieux sociaux et les langues les plus variées, jusqu'à ce que les marchands du cours Saleya se réinstallent au petit matin.

de la famille Lascaris-Vintimille, qui l'a fait construire au XVIIe siècle, conduit à un escalier monumental qui dessert les salles du musée d'Histoire régionale.

Le Paillon

A l'origine, le Paillon, qui descend jusqu'à la mer en traversant la ville, était la rivière des lavandières, qui y lavaient et faisaient sécher leur linge. L'histoire locale rappelle aussi ses crues dévastatrices. De nos jours, il est recouvert dans sa partie basse, depuis la place Masséna, jusqu'à **Acropolis,** un vaste ensemble moderne dédié à la culture, avec sa cinémathèque, ses salles d'exposition et ses auditoriums, au tourisme et aux congrès. Entre les deux, squares et promenades ont été aménagés pour les piétons.

La place Masséna

La place niçoise la plus célèbre, sur laquelle arrive la promenade des Anglais, fut achevée en 1850. Entourée de façades colorées, elle donne sur l'espace Masséna, d'où l'on a une belle vue sur la vieille ville et la colline du château.

Nice russe

Dès le rattachement de Nice à la France, en 1860, hommes d'affaires et aristocrates russes se sont précipités dans la région pour y acheter de grandes propriétés et y faire bâtir de splendides demeures, dont **le palais Maeterlinck,** transformé en hôtel, **le château Valrose,** où siège l'université. De cette vague russe, il reste bien sûr, non loin de la gare SNCF, **la basilique orthodoxe Saint-Nicolas,** consacrée en 1912 et qui se distingue par la richesse de son ornementation et son iconostase ciselée.

Nice des collines

Pour s'étendre, Nice a dû conquérir les collines qui dominent toute la baie.

◆ Cimiez

Déjà occupée par les Romains, la colline de Cimiez a connu son heure de gloire à la fin du XIXe siècle, lorsqu'elle se couvrit de villas de luxe et de palaces. Elle est toujours l'un des quartiers résidentiels les plus recherchés. L'héritage romain comprend un ensemble thermal et un **amphithéâtre,** restauré et aménagé pour accueillir des spectacles, dont la parade de jazz, chaque été.

◆ Le mont Boron

Après le port, la côte forme un cap surmonté d'une colline, le mont Boron, maintenant protégé de l'urbanisation et reboisé, d'où l'on a de beaux points de vue sur la baie de Nice et la rade de Villefranche.

◆ L'observatoire

Depuis 1887, **le mont Gros** (375 m) accueille l'observatoire construit par **Gustave Eiffel** et Charles Garnier. Déjà cité par Jules Verne dans *De la Terre à la Lune,* il bénéficie d'appareils très performants qui lui permettent, notamment, la recherche d'étoiles doubles.

➤ Nice des musées et des arts

Métropole culturelle, Nice, en matière artistique, possède un rayonnement qui dépasse de loin ses frontières, comme l'attestent ses musées et ses salles de spectacle.

◆ Le musée Matisse ♥

164, avenue des Arènes-de-Cimiez. Ouvert tlj de 10 h à 17 h. Fermé mardi et jours fériés. Entrée payante.

Dans la grande oliveraie de Cimiez, cette ancienne villa génoise du XVIIe siècle abrite **la collection personnelle d'œuvres du peintre,** qui séjourna à Nice de 1917 jusqu'à sa mort, en 1954.

Sa majesté Carnaval

Le carnaval de Nice est l'un des plus anciens au monde. On en parlait déjà en 1294, lorsque le duc d'Anjou, Charles II, comte de Provence, passa *« les fêtes de carnaval dans sa bonne ville de Nice »*. Pendant la Renaissance, ce sont les Abbés des Fous qui organisaient des mascarades dans les rues de la ville. Mais la vraie naissance du carnaval moderne date de 1873, lorsque fut organisé un concours de défilés de chars, pour mardi gras. Alexis Mossa puis son fils Gustav-Adolf, deux artistes niçois, donnèrent à cette fête tout son relief, en sculptant durant de nombreuses années les grosses têtes et celle du monarque burlesque.

La carnaval de Nice est l'un des principaux rendez-vous festifs de la Côte d'Azur.

◆ **Le musée d'Art moderne et d'Art contemporain**

Promenade des Arts. Ouvert tlj de 11 h à 18 h. Fermé mardi et jours fériés. Entrée payante.

Inauguré en 1990, l'ensemble architectural situé près de la place Garibaldi comprend également **le théâtre.**

Les points forts des collections du musée d'Art sont les œuvres des mouvements des **nouveaux réalistes** (Arman, Klein, César, Niki de Saint Phalle, Christo...) et de l'abstraction américaine.

◆ **Le musée Chagall**

Avenue du Docteur-Ménard. Ouvert tlj de 10 h à 17 h. Fermé mardi. Entrée payante.

Au cœur d'un jardin méditerranéen, il présente les monumentales peintures du Message biblique, ainsi que les vitraux de la salle de concerts et la mosaïque spécialement créés par Chagall pour le bâtiment.

◆ **Le muséum d'Histoire naturelle**

60 bis, boulevard Risso. Ouvert tlj de 10 h à 12 h et de 14 h à 18 h. Fermé lundi et jours fériés. Entrée libre.

Ce musée présente les trésors du patrimoine naturel méditerranéen et veut sensibiliser le public à la protection de l'environnement.

La Riviera française

➤ Villefranche-sur-Mer

A 10 km à l'est de Nice par la basse corniche.

Au fond de l'une des plus belles rades de la côte, entre le mont Boron et l'avancée du cap Ferrat, Villefranche-

Beaulieu-sur-Mer jouit d'un microclimat exceptionnellement doux.

sur-Mer étage ses constructions en gradins, de la plage des Marinières jusqu'à la moyenne corniche. Sa situation exceptionnelle en a tôt fait un port de guerre, défendu par d'impressionnantes constructions, dont **la citadelle Saint-Elme,** datée du XVIe siècle et qui abrite aujourd'hui l'hôtel de ville.

Au milieu des ruelles en pente et des placettes ensoleillées, on découvre l'église Saint-Michel et, sur le port, **la chapelle Saint-Pierre, décorée par Cocteau.**

➤ Saint-Jean-Cap-Ferrat

A 4 km de Villefranche-sur-Mer.

Le petit village de pêcheurs, dont il reste quelques maisons, a laissé la place aux villas de milliardaires. Une route fait le tour du cap et accède à la chapelle Saint-Hospice.

◆ **La villa Rothschild**

Ouvert tlj de 10 h à 18 h du 15 février au 1er novembre, le week-end et aux vacances scolaires, 14 h à 18 h le reste de l'année. Entrée payante.

Construite en 1912 pour Béatrice Ephrussi de Rothschild, elle **est l'un des témoignages les plus remarquables de la « Belle Epoque ».** Ce petit palais inspiré des demeures

Renaissance italiennes domine la mer de tous côtés. Meubles, objets de collection et tableaux créent un décor luxueux, alors que les jardins thématiques proposent une agréable promenade.

Edifiée en 1908 à la demande de Théodore Reinach, musicographe et archéologue, elle se présente comme une **restitution de la Grèce antique** à travers un cadre domestique.

Eze

A 11 km à l'est de Nice, par la moyenne corniche.

Le tourisme a pris le relais des agrumes et des œillets, dont Eze vivait jusqu'au milieu du XXe siècle. Le village, perché entre les trois corniches, possède un beau **jardin exotique.**

Beaulieu-sur-Mer

A 4 km à l'est de Villefranche-sur-Mer.

Le microclimat est si doux entre le cap Ferrat et le cap Roux que la baie de Beaulieu fut baptisée « la Petite Afrique ». Les Romains y établirent leurs villas et les aristocrates du XIXe siècle prirent leurs habitudes dans ses palaces.

La villa Kerylos

Rue Gustave-Eiffel. Ouvert tlj de 10 h 30 à 12 h 30 et de 14 h à 18 h. Fermé en novembre, le 25 décembre et le 1er janvier.

Monaco

Ce luxueux balcon est, en fait, un état souverain et indépendant aux apparences de cité verticale perchée sur un piton rocheux dont les Génois s'emparèrent dès le XIIIe siècle. La dynastie Grimaldi s'y installa dès 1297. Dans ce paradis fiscal, **la densité de la population est la plus forte au monde** et l'espace particulièrement recherché : il a fallu gagner 16% de la principauté sur la mer. Une visite à Monaco ressemble toujours à un voyage dans un autre univers.

Le palais princier

Les grands appartements sont ouverts de juin à septembre de 9 h 30 à 18 h 30, 10 h à 17 h en octobre. Fermé de novembre à mai.

Suivez le guide !

Monaco sans la vie princière ne serait pas Monaco. La relève de la garde constitue l'une des curiosités appréciées des visiteurs. Le cérémonial se déroule chaque jour sur le parvis du palais princier, à 11 h 55 précises.

De la forteresse génoise, il reste quatre tours crénelées, auxquelles on a ajouté, au XVIe siècle, un palais Renaissance. **La cour d'honneur,** couverte de galets, repose sur une citerne. Après le grand escalier, la galerie d'Hercule est décorée de fresques du XVIIe siècle. Des grands appartements, on retient **la galerie des glaces, la chambre royale, le salon Jaune, la chambre Louis-XV, le salon Bleu et la salle du trône.**

◆ Le Musée océanographique

Avenue Saint-Martin. Ouvert tlj de 9 h à 19 h d'avril à septembre, 10 h à 18 h d'octobre à mars. Entrée payante.

Outre son **impressionnant aquarium,** le musée, construit en 1910, expose des engins d'exploration sous-marine et des spécimens d'animaux marins.

◆ Monte-Carlo et son casino

Monte-Carlo, ce sont les immeubles luxueux, les palaces prestigieux dont les styles se juxtaposent depuis la fin du XIXe siècle. Enfin, c'est avant tout son **casino, conçu par Charles Garnier,** qui ne manqua pas d'y ajouter **l'Opéra,** actuellement l'une des salles les plus prestigieuses de l'art lyrique.

Le prestigieux casino de Monte-Carlo et son Opéra sont l'œuvre de Charles Garnier.

➤ La Turbie

A 22 km à l'est de Nice, par la corniche supérieure.

Dominant Monaco depuis son rocher, appelé « Tête de chien », le village, qui a longtemps marqué la frontière avec l'Italie, possède encore les vestiges du **Trophée des Alpes,** élevé en 6 av. J.-C. pour commémorer les conquêtes d'Auguste.

➤ Roquebrune-Cap-Martin

A 9 km à l'est de Monaco.

Passé la frontière de Monaco à **Beausoleil,** la côte forme un nouveau promontoire rocheux, le cap Martin, sur lequel est érigé le village de Roquebrune, avec son château, ainsi que de **superbes villas noyées dans la verdure,** que l'on peut découvrir au cours de jolies promenades.

➤ Menton

On est presque en Italie, mais on est encore bien en France. Menton possède un climat si doux qu'on lui a fait la réputation de cité des jardins et des retraités.

Depuis le vieux Menton, la vue plonge vers la mer.

Elle se distingue d'abord par sa vieille ville disposée en amphithéâtre et que l'on peut découvrir depuis **le cimetière en terrasses, d'où la vue plonge sur les toits et la mer ❤.** Les ruelles permettent d'atteindre le quartier baroque et **l'église Saint-Michel,** dont le parvis accueille chaque été le festival de musique de chambre. Non loin, sur une placette, **la chapelle des Pénitents-Blancs** se remarque par son clocher couvert de tuiles émaillées. Des escaliers conduisent à la chapelle des Pénitents-Noirs, puis à la place aux Herbes et à **la halle du marché,** à l'étonnante architecture. Le port est à deux pas, signalé par le bastion, transformé en **musée Cocteau.**

◆ La ville des jardins

Son climat exceptionnel a naturellement fait de Menton la ville des jardins. A l'abri des vents froids et grâce à un ensoleillement maximum, cet écrin naturel accueille les plantes les plus variées dans des jardins extraordinaires qui peuvent, pour la plupart, être visités : **le jardin botanique exotique** *(avenue Saint-Jacques)* au quartier de Garavan, **les serres de la Madone** *(74, route de Gorbio),* **Fontana Rosa** *(avenue Blasco-Ibanez),* **le Val Rahmeh** *(avenue Saint-Jacques),* **le jardin d'agrumes du palais** *(3, avenue de la Madone)...*

Le citron est toujours de la fête

La légende prétend que, lorsqu'elle fut chassée de l'Eden, Eve emporta le fruit d'or et l'enterra sur le site de Menton, tant la beauté du lieu lui rappelait le Paradis. L'histoire révèle que, dès le XVe siècle, Menton faisait commerce des citrons : elle en exportait 40 millions au XXe siècle. Cela devait durer jusqu'à la Seconde Guerre mondiale. Il ne reste plus aujourd'hui qu'une vingtaine de producteurs et il faut importer les centaines de milliers de fruits utilisés pour la fête du Citron, au mois de février. Consciente de l'impact promotionnel d'un tel fruit, la mairie, avec l'INRA, a entrepris de tout faire pour sauver la variété locale, menacée de disparition.

L'arrière-pays

Pays des couleurs, de la douceur et des senteurs, le littoral livre immédiatement ses appâts. Moins sophistiquées et plus intimes, les terres intérieures se donnent avec plus de retenue. Avec ses collines rondes et pierreuses dans le Var, ses vallées profondes creusées dans les ultimes plis alpins, au-dessus de Nice, l'arrière-pays est le balcon des villages perchés et des découvertes discrètes.

Le haut pays varois

➤ Les Maures

Le massif des Maures déroule ses croupes rondes et usées, depuis la plaine de Hyères jusqu'à celle de Fréjus, et se prolonge jusqu'à la mer en ouvrant de larges baies alluvionnaires vers Cavalaire et Grimaud. Cette montagne ancienne est plantée de chênes, de pins et de châtaigniers. Peu urbanisée, elle sert d'écrin à quelques beaux villages. Elle se limite au nord à la vallée de l'Argens, où s'annonce le haut Var.

◆ Grimaud

A 14 km à l'ouest de Saint-Tropez.

Grimaud est dominé par la silhouette de son ancien château.

Occupé dès l'époque ligure, ce fut l'un des premiers sites habités des Maures. Sa position stratégique, au fond du golfe de Saint-Tropez, dont il n'est distant que de 6 km, lui a valu d'être choisi, dès le XIe siècle, par les Grimaldi pour défendre la région contre les Sarrasins. **Le château** est flanqué de quatre tours d'angle. Une promenade dans les rues du village conduit à l'église romane Saint-Michel, ainsi qu'à la chapelle des Pénitents-Blancs.

Le vignoble varois s'étend jusqu'au cœur du massif des Maures.

◆ Cogolin

A 9 km à l'ouest de Saint-Tropez.

Conquise par les Sarrasins, propriété des moines de Saint-Victor, puis des Templiers, la « petite colline » celto-ligure, dont le nom se transforma en Cogolin, a longtemps été un bourg agricole qui bénéficiait de la plaine alluvionnaire du golfe de Saint-Tropez, tout proche. Il en reste encore des vignes. Fréquenté l'été par les vacanciers de la côte, le village est un **centre artisanal connu,** avec ses fabriques de pipes, d'anches pour instruments à vent et sa manufacture de tapis.

◆ La Garde-Freinet

A 20 km à l'ouest de Saint-Tropez, sur la route qui conduit au Cannet-des-Maures.

Installé sur un col, le village est au cœur des Maures. Il concentre, autour de son église, maisons et ruelles en pentes. Il est le point de départ d'une **route des crêtes** qui rejoint Collobrières.

◆ La chartreuse de la Verne

A 6 km de Collobrières, sur la D 14 vers Grimaud, un chemin carrossable conduit à la chartreuse. Ouvert tlj de 11 h à 17 h. Fermé mardi et jours de fêtes religieuses.

En pleine forêt, dominant les crêtes des Maures, la chartreuse est occupée par une communauté religieuse. Bâtie au XIIe siècle, elle possédait forêts et terres cultivables. Incendiée et reconstruite à plusieurs reprises, elle fut abandonnée sous la Révolution. Classée monument historique, la chartreuse accueille depuis 1983 les sœurs de Bethléem et sa restauration se poursuit peu à peu. On peut admirer **le portail monumental orné de serpentine**, les cellules monacales ainsi que le cloître.

◆ Collobrières

A 17 km à l'est de Pierrefeu.

Dans la châtaigneraie des Maures, Collobrières s'est fait une spécialité de la production de marrons glacés et de crème de châtaigne.

Dans son église gothique, on note **les boiseries sculptées** et **l'autel,** signé Pierre Puget.

◆ Notre-Dame-des-Anges

Le point culminant des Maures (780 m) est accessible par une petite route qui serpente au milieu des châtaigniers. On y accède depuis Collobrières ou Pignans, ou encore depuis Gonfaron. A son sommet, une chapelle expose de touchants ex-voto.

➤ Draguignan

A 29 km au nord de Fréjus.

La « cité du Dragon », dont la légende prétend qu'il terrorisait la région entière, règne sur tout le Moyen Var. Cette ancienne préfecture, découronnée au profit de Toulon, en 1974, doit son histoire ancienne à sa position stratégique, au croisement de deux voies romaines. Aujourd'hui ville de garnison, Draguignan possède un intéressant patrimoine bâti que l'on découvre en empruntant les ruelles étroites de la vieille ville. C'est le cas de **la tour de l'horloge**, que l'on distingue de loin, du collège des Doctrinaires *(19, rue Frédéric-Mineur),* qui abrite le Centre archéologique du Var…

◆ Le musée des Traditions provençales

15, rue Roumanille. Ouvert tlj de 9 h à 12 h et de 14 h à 18 h. Fermé dimanche matin et lundi.

Suivez le guide !

La tour de l'horloge de Draguignan, perchée sur un promontoire, permet, du haut de ses 24 m, de découvrir un superbe panorama sur les toits de la ville et la plaine de la Nartuby, entourée de collines.

Dolmens et menhirs

Dolmens et menhirs ne sont pas une exclusivité bretonne. Le Var en posséderait, dit-on, plus de 100, dont une cinquantaine sont répertoriés. Fichés en terre comme autant d'énigmes datant du néolithique, ils sont nombreux dans tout le centre du Var, mais on en trouve également en bord de mer. Parmi les plus remarquables, on peut en citer deux : **la Pierre de la Fée,** à Draguignan, une dalle de 35 tonnes reposant sur trois pierres levées et qui aurait servi aux cérémonies druidiques jusqu'au Ve siècle de l'ère chrétienne, et **le dolmen de Gauttobry,** à **La Londe-lès-Maures,** près de Hyères, un ensemble funéraire composé d'une tombe où l'on accède par un petit chemin bordé de 24 dalles dressées.

Il rassemble outils, objets, mobilier et vêtements rappelant la société rurale, le monde préindustriel, les fêtes et traditions et la vie quotidienne en Provence.

➤ Le moyen Var

Tout autour de Draguignan, le moyen Var étend ses collines boisées entrecoupées de vallons frais et de petites plaines. C'est le terroir des **côtes-de-provence,** des bourgs aux ruelles étroites qui se signalent souvent par un clocher autour duquel se rassemblent les maisons aux toits de tuiles rondes. A l'est de Draguignan, la route départementale 25, qui suit **les gorges de Pennafort,** depuis Le Muy jusqu'au camp militaire de Canjuers, révèle un chapelet de jolis villages : **Callas, Claviers, Bargemon** ♥.

A l'ouest, le relief est couvert de chênes et de pins, jusqu'à la plaine de l'Argens, où le gros village viticole des **Arcs** *(à 10 km au sud de Draguignan)* se distingue de loin par son vieux hameau perché et la tour carrée de l'ancien château. A 13 km de Draguignan, on rejoint Lorgues et sa collégiale Saint-Martin, puis Flayosc et sa grande église, **Tourtour** ♥ **et son château,** perchés sur un piton, Ampus, son enceinte médiévale et son église romane, **Villecroze,** ses falaises de tuf et son parc, **Entrecasteaux** *(à 26 km à l'ouest de Draguignan)* et son château du XVIe, Salernes, capitale des carrelages en terre cuite, Cotignac, Carcès avec son lac, rendez-vous des pêcheurs.

➤ L'abbaye du Thoronet

Quai Abbaye, chemin départemental 79, Le Thoronet, à 25 km au sud-ouest de Draguignan. Ouvert tlj de 9 h à 19 h d'avril à septembre, 10 h à 13 h et 14 h à 17 h le reste de l'année. Fermé le 1er mai et les fêtes religieuses. Entrée payante.

Chef-d'œuvre de l'architecture cistercienne, l'abbaye du Thoronet, à mi-chemin entre le village du Thoronet et le lac de Carcès, est noyée dans la verdure. La visite de **l'église** en forme de croix latine surmontée d'un sobre clocher carré en pierre, du **cloître trapézoïdal** autour d'un jardin-préau, de la salle capitulaire de style gothique, invite au silence et à la méditation.

L'abbaye du Thoronet est un chef-d'œuvre de l'architecture cistercienne.

➤ Brignoles

A 16 km à l'est de Saint-Maximin-la-Sainte-Baume.

L'ancienne résidence d'été des comtes de Provence, **capitale de la bauxite provençale,** dont les mines sont maintenant fermées, est une petite ville essentiellement agricole où l'on peut admirer l'église Saint-Sauveur et le palais des comtes de Provence.

◆ L'abbaye de La Celle ♥

A 5 km de Brignoles par la D 554. Ouvert tlj de 10 h à 12 h et de 14 h à 16 h 50. Fermé lundi et vendredi. Entrée payante.

L'abbaye royale de La Celle est l'un des monastères les plus anciens de Provence représentatifs du **style roman provençal.** On y admire l'église Sainte-Perpétue, le déambulatoire et la salle capitulaire.

Bénédiction du bœuf, lors de la fête des tripettes de Barjols.

Barjols

A 22 km au nord de Brignoles.

Il a longtemps été célèbre dans la région pour ses **tanneries.** La fermeture des usines dans les années 70 a entraîné une période de crise économique. Dans tout le village, des **fontaines** distribuent une eau rafraîchissante. On remarque l'hôtel seigneurial des Pontevès et l'église Notre-Dame-des-Epines.

Aups

A 23 km au sud du lac de Sainte-Croix.

Aups est une porte vers le pays du Verdon. Le village se distingue par ses ruelles pittoresques, ses remparts, les ruines d'un château fort et **la collégiale gothique Saint-Pancrace.**

Le haut Var

Les marches septentrionales du Var, proches de l'arrière-pays grassois, annoncent la montagne.

Le pays de Fayence

Fayence et Tourrettes *(à 25 km au nord-est de Draguignan)* ont été bâtis aux XIe et XIIe siècles. Fayence eut son heure de gloire avec les évêques de Fréjus, qui y construisirent leur château de villégiature, détruit par la suite. A Tourrettes, les seigneurs laïcs bâtirent un château qui connut le même sort.

Aujourd'hui, à Fayence, on visite la chapelle Notre-Dame-des-Cyprès, l'église paroissiale, la porte sarrasine et la tour de l'horloge.
A Tourrettes, on remarque une tour de l'horloge également, la chapelle des

La précieuse rabasse

En Provence, on l'appelle rabasse. Dans la région d'Aups, la truffe noire est une vraie richesse, même si sa production a baissé depuis le XIXe siècle. Depuis quelques années, on replante des chênes truffiers où la lavande « ne donne plus ». Chaque jeudi, dès la fin novembre, Aups est le théâtre de mystérieux échanges autour de ce diamant noir, dont les tarifs se négocient souvent à l'abri des coffres des voitures. Les meilleures poussent à faible profondeur et craquellent le sol. Les blanches se récoltent aux environs de Lorgues, alors que les noires, qui ont besoin de plus d'humidité et de froid, poussent plus haut, vers Aups. Pour la récolte, certains se fient à la truie, d'autres préfèrent le chien, ou encore la mouche qui tourne autour du pied des chênes truffiers.

Pénitents et l'église Saint-André.

Un peu plus au nord, à **Mons** *(à 32 km au nord-ouest de Grasse),* on a le sentiment de dominer la région. Depuis la place Saint-Sébastien se découvre un large panorama. L'église Notre-Dame possède cinq retables classés.

Comps-sur-Artuby et La Bastide

La montagne est là et Draguignan à 32 km au sud. Aux portes du pays du Verdon, ces deux villages sont respectivement à 900 et 1 000 m d'altitude, dans une région sauvage où les mois d'hiver peuvent être rigoureux. A Comps, il faut voir l'église des Templiers Saint-André, d'où l'on a une belle vue vers les gorges de l'Artuby. A La Bastide, on découvre les ruines d'un château féodal, le château du XVIIe et l'église Sainte-Madeleine.

Les bancs publics des villages sont le rendez-vous des retraités.

Au royaume des eaux vertes

Classé depuis peu **parc naturel régional,** il marque la frontière entre le Var et les Alpes-de-Haute-Provence. Il abrite les fameuses **gorges du Verdon, l'un des joyaux de la France naturelle.** Leur beauté sauvage et grandiose, la célèbre **faïence de Moustiers-Sainte-Marie** et le plan d'eau du **lac de Sainte-Croix** en font un lieu incomparable, pour les randonnées de montagne, l'escalade, le canoë-kayak, le rafting, les simples promenades ou l'organisation de circuits routiers.

Le Colorado français

A 9 km au sud de Moustiers.

Le grand canyon du Verdon est un site unique en Europe. On l'a comparé au **Colorado américain,** tant ses gorges, avec ses à-pics vertigineux qui peuvent atteindre 700 m de haut, sont impressionnantes. D'une longueur de 25 km, entre le Pont-du-Soleil et le lac de Sainte-Croix, il peut être visité de plusieurs façons. La plus aisée, en voiture, se fait grâce à un circuit routier qui surplombe les deux rives. La route nord passe par le village de La Palud-sur-Verdon, point de départ d'un **circuit des belvédères.** La corniche Sublime, au sud, **offre des points de vue plongeants sur les falaises et le ruban vert de la rivière.** Des sentiers permettent d'accéder au cœur du défilé.

Le sentier Martel

C'est le plus connu. En balcon ou au fond de la gorge, le long de la rive droite, il conduit, en 7 h de marche, du point Sublime jusqu'au chalet de La Maline.

Tout comme le Verdon, les eaux du lac de Sainte-Croix ont une couleur exceptionnelle.

Le lac de Sainte-Croix

Au débouché du grand canyon, au sud de Moustiers, le lac de barrage de Sainte-Croix est alimenté par le Verdon. Il a été conçu en 1974 pour résoudre les problèmes d'alimentation en eau et en électricité de la Provence. Sa vocation touristique n'a cessé de s'affirmer depuis, grâce à ses **plages aménagées,** au développement des activités nautiques et au charme des villages qui dominent ses rivages. Le plus récent d'entre eux, Les Salles, a été reconstruit après avoir été englouti par les eaux du lac. **Depuis Bauduen et Sainte-Croix, le panorama est superbe, au-dessus du lac et de ses eaux turquoise.**

Moustiers-Sainte-Marie

A 28 km à l'est de Gréoux.

Moustiers est blotti au creux d'une falaise. Au Ve siècle, lorsque l'évêque de Riez découvrit la beauté du site, il décida d'y faire construire un monastère qui deviendra peu à peu un lieu de pèlerinage. Avec ses maisons aux tuiles rondes, ses ponts de pierre et ses ruelles tortueuses, le village prend des airs de crêche.

Les deux parois rocheuses qui le dominent sont reliées par une **chaîne de 220 m portant en son milieu une étoile,** dont la légende prétend qu'elle fut accrochée par un descendant des rois Mages, à son retour de croisade.

Les tourneurs d'Aiguines

Au débouché des gorges du Verdon, le village d'**Aiguines** *(entre le grand canyon du Verdon et le lac de Sainte-Croix),* perché comme un nid d'aigle au-dessus du lac de Sainte-Croix, fut longtemps célèbre pour ses tourneurs sur bois. Cette activité s'était développée grâce à l'abondance des racines de buis sauvage qui poussaient au fond des gorges du Verdon, au point qu'au début du siècle les usines locales fournissaient en mortiers, toupies et objets de la vie courante la plupart des grands magasins français et les bazars des colonies. Aiguines était connu pour être la capitale du cochonnet et de la « boule cloutée », une boule de pétanque en bois, cloutée régulièrement par les femmes du village, à l'aide d'un lourd marteau. Depuis, les tourneurs ont malheureusement disparu, mais il subsiste un très joli musée qui rappelle l'histoire et les techniques des tourneurs d'Aiguines *(Rue Haute. Ouvert tlj sauf le mardi de 10 h à 12 h et de 14 h 17 h du 15 juin au 15 septembre).*

Le travail délicat des faïenciers de Moustiers-Sainte-Marie.

Devenu **la capitale provençale de la faïence,** depuis qu'Antoine Clérissy, un potier de renom, décida de s'y fixer en 1680, Moustiers connut son heure de gloire sous Richelieu et Madame de Pompadour. Plusieurs artisans perpétuent cette tradition qui attire une foule d'acheteurs du monde entier. Sa réputation est telle que les connaisseurs parlent du **« style Moustiers »,** qui se distingue par ses décors inspirés d'animaux fantastiques, de fleurs et d'oiseaux.

◆ Le musée de la Faïence

Mairie, place du Presbytère. Ouvert tlj sauf mardi de 9 h à 12 h et de 14 h à 18 h d'avril à octobre, le week-end et pendant les vacances scolaires de 14 h à 17 h de novembre à mars. Entrée payante.

Il fut fondé en 1929 par **Marcel Provence,** maître céramiste qui relança la production de faïences après l'extinction du dernier four, en 1840. Il présente les styles de Moustiers, aux différentes époques.

Le haut pays des Alpes-Maritimes

➤ Grasse

A 17 km au nord de Cannes.

L'histoire locale prétend que Grasse s'est dédiée au parfum dès le XIIIe siècle, du jour où les gantiers, qui y étaient nombreux, décidèrent de parfumer leurs gants, pour couvrir la désagréable odeur de peau tannée. D'autre part, **le microclimat convenait à la culture des fleurs à parfums : jasmin, roses, jonquilles, fleurs d'oranger...**

Auparavant, la cité s'était développée grâce à sa situation, au croisement de deux routes commerciales romaines qui lui valurent de devenir une capitale régionale et de privilégier les échanges commerciaux avec Gênes dès le XIIIe siècle. Elle subit ensuite plusieurs destructions jusqu'au XVIIIe siècle.

Le centre-ville possède encore quelques très beaux monuments, tels que **le groupe épiscopal,** qui comprend la cathédrale Notre-Dame-du-Puy, la tour de l'horloge, le palais épiscopal abritant l'hôtel de ville...

De nos jours, la ville est toujours vouée aux parfums. Une visite à Grasse passe obligatoirement par ses musées.

Suivez le guide !

Découvrez le panorama qui s'étend au pied de Moustiers, depuis la chapelle Notre-Dame-de-Beauvoir, où l'on accède par le chemin des oratoires et la grotte Sainte-Madeleine.

Un nez comme outil

La parfumerie, qui exige délicatesse, savoir et technique, est dépendante d'un homme ou d'une femme avant tout : le parfumeur créateur. C'est lui qui, grâce à sa connaissance et à sa perception des matières premières naturelles (essences, concrètes et absolues) et de synthèse (essences obtenues chimiquement), élabore peu à peu le produit qui fera la célébrité d'une marque ou la particularité d'un savon ou d'une lessive. Celui que l'on surnomme « nez », doit être capable de distinguer 10 000 odeurs différentes et doit posséder un véritable tempérament d'artiste qui se retrouve dans ses compositions.

◆ Le Musée international de la Parfumerie

8, place du Cours. Ouvert tlj de 10 h à 19 h de juin à septembre, 10 h à 12 h et 14 h à 17 h d'octobre à mai. Fermé mardi, jours fériés et au mois de novembre.

Le musée évoque trois siècles d'histoire du parfum, grâce à une grande collection de flacons, deux laboratoires reconstitués et une serre où poussent des plantes à parfum.

◆ La villa-musée Fragonard

23, boulevard Fragonard. Mêmes horaires que le Musée international de la Parfumerie.

Le musée est installé dans un hôtel particulier du XVIIe siècle et expose plusieurs tableaux authentiques du peintre grassois Jean-Honoré Fragonard, des copies, ainsi que des toiles réalisées par des membres de la famille du peintre.

➤ Les Préalpes de Grasse

Grasse regarde vers la mer, adossé aux contreforts des Préalpes calcaires. Il suffit de faire quelques km vers le sud-ouest pour découvrir des **villages isolés dans un environnement plus sec et rocailleux,** domaine des plantations d'oliviers en restanques.

◆ Cabris

A 6 km à l'ouest de Grasse.

Détruit à plusieurs reprises, le village possède encore des vestiges de son ancien château. On retient également les chapelles Saint-Sébastien et Saint-Jean, caractéristiques par leur plan octogonal.

◆ Saint-Cézaire

A 16 km à l'ouest de Grasse par la D 13.

Peuplée depuis très longtemps, comme en témoignent plusieurs mé-

La lavande, dont la parfumerie de Grasse fait un si bon usage.

Caussols, un paysage sec représentatif des Préalpes de Grasse.

galithes, la commune est connue pour ses **grottes,** à l'entrée du village, son ensemble de puits en pierre sèche, appelés Puits de la Vierge, et la chapelle Notre-Dame-de-Sardaigne, au cimetière.

➤ La vallée du Loup

Au nord de Grasse, le Loup a dû se tailler un chemin dans la montagne calcaire. Cela a donné une vallée et des **gorges profondes où l'on trouve de jolis villages et des paysages impressionnants.**

◆ Le Bar-sur-Loup

A 9 km au nord-est de Grasse.

Adossé à la falaise, le village commande l'accès aux gorges par le passage du Pont-du-Loup. Au milieu de la place subsiste la base d'un donjon qui rappelle les anciennes fortifications. La départementale 6 remonte le cours du Loup, que l'on voit chuter en cascade à hauteur du **saut du Loup** ❤, avant de ressortir des gorges étroites, où elle rencontre la départementale 3, qui conduit vers la petite station de ski de **Gréolières.**

➤ Tourrettes-sur-Loup

A 8 km de Grasse sur la route de Vence.

Ce village perché est devenu **la capitale de la violette,** depuis que sa culture a pratiquement disparu de la région de Toulouse.

➤ Vence et Saint-Paul-de-Vence ❤

A 22 et 26 km au nord de Nice.

Les deux villages, dans l'arrière-pays de Cagnes, sont **très pittoresques** avec leurs vieilles maisons en pierre, leurs ruelles et leurs fontaines. Tous deux sont fréquentés par de nombreux

La violette de Tourrettes-sur-Loup est aussi utilisée en confiserie.

La Victoria et la Pomponnette

La violette de Tourrettes n'est pas la même que celle de Parme, comme le précisent les 15 horticulteurs de la commune. L'un d'eux, André Coche, explique que l'on distingue *« la violette méditerranéenne, dite Victoria, à cinq pétales et de couleur soutenue, et la violette dite Parme de Toulouse, ou Pomponnette, plus claire »*. L'histoire raconte qu'elle est apparue à Tourrettes, il y a 130 ans, dans les bagages d'un jeune couple au retour de son voyage de noces à Hyères. Les jeunes mariés en auraient volé quelques plants pour les rapporter chez eux. Les habitants du village prirent l'habitude d'en planter sous les oliviers, où rien ne poussait et où elles étaient protégées du froid.

artistes qui y ont quelquefois laissé leur empreinte, comme Chagall, qui a décoré le baptistère de la cathédrale de Vence, ou **Matisse,** qui a conçu **la chapelle du Rosaire,** également à Vence.

A Saint-Paul, l'hôtel Robinson — devenu depuis **Colombe-d'Or** — et **La Pergola** — actuellement **Café de la Place** — ont été fréquentés par Renoir, Signac, Soutine, Bonnard, Dufy, Miro, Braque, Léger, Gide, Cocteau, Picasso, Chagall, Clouzot, Montand, Signoret...

◆ La fondation Maeght

623, chemin des Gardettes, à 1 km au nord de Vence. Ouvert tlj de 10 h à 19 h de juillet à septembre, 10 h à 12 h 30 et 14 h 30 à 18 h d'octobre à mai. Fermé mardi. Entrée payante.

Imaginée par Marguerite et Aimé Maeght en 1964, elle est considérée comme **l'un des centres mondiaux de la création artistique contemporaine,** conçue comme une galerie idéale. Ses jardins, son architecture, ses éclairages sont mis au service des œuvres exposées. Les artistes les plus célèbres du XXe siècle y sont accueillis.

➤ La vallée de l'Estéron

A 20 km au nord de Nice.

Cette vallée qui s'étend d'est en ouest entre la montagne du Gourdan et le massif du Cheyron offre un **paysage grandiose, paradis pour randonneurs,** et s'étire sur une cinquantaine de kilomètres, entre les rivières du Var et du Verdon. **Une soixantaine de hameaux sont accrochés sur les flancs de falaises entaillées de profondes clues,** creusées par les cours d'eau. Eglises romanes et châteaux sont les richesses architecturales des villages qui ont pour noms : **Bonson, Revest-les-Roches, Ascrocs, Briançonnet, Saint-Auban, Sigale, Roquesteron** ou **Pierrefeu.**

Suivez le guide !

Une des originalités du paysage des Préalpes, ce sont leurs fameuses clues, entailles profondes creusées transversalement dans la falaise calcaire par les eaux d'un torrent. Celle de Saint-Auban, à la sortie du village, est impressionnante par la verticalité de ses parois et les rochers qui encombrent le lit de la Faye.

Le train des Pignes : un moyen original de découvrir la vallée du Var.

Suivez le guide !

Pour découvrir la haute vallée du Var, rien ne vaut le **train des Pignes.** Tous les jours, un petit autorail relie Nice à Digne et, pendant la belle saison, l'ancien train à vapeur circule le week-end entre Puget-Théniers et Annot.

La route Napoléon

A son retour de l'île d'Elbe, en 1815, Napoléon débarque à Golfe-Juan et choisit de regagner plus discrètement la capitale en franchissant les Alpes. Passant par Grasse, il rejoint **Saint-Vallier-de-Thiey, Castellane, Barrême, Digne, Sisteron** et **Grenoble,** par un itinéraire qui donnera naissance, en 1932, à **la route Napoléon,** jalonnée des souvenirs du passage de l'Empereur.

Le pays niçois

La vallée du Var

Le Var, qui formait autrefois frontière entre la Provence et la Savoie, est une rivière torrentueuse qui a marqué le paysage et l'histoire de l'arrière-pays niçois. Prenant sa source à 1 800 m d'altitude, non loin du col de la Cayolle, dans le massif du Mercantour, il a creusé une profonde vallée au rythme de crues sauvages. Emprunter la route nationale 202, qui remonte le cours du Var, depuis son embouchure, à l'entrée de Nice, fait passer, en quelques kilomètres, de la mer à la montagne, en découvrant un **paysage contrasté où se succèdent les villages dressés sur des pitons rocheux,** au-dessus du torrent.

Après **Saint-Martin-Vésubie,** la route laisse sur la droite les gorges de la Vésubie et se faufile au creux du défilé du Chaudan. On passe au pied de **Villars-sur-Var** et de son mini-vignoble, avant d'atteindre **Touët-sur-Var**, bel exemple de village suspendu à flanc de montagne, puis **Puget-Théniers**, avec sa jolie église baroque Notre-Dame-de-l'Assomption.

La vallée de la Vésubie

A 25 km de la Méditerranée, la Vésubie se jette dans le Var, au terme de gorges étroites où la route s'accroche au rocher pour rejoindre **Lantosque,** dominé par son église du XVIIe siècle.

Un peu plus haut se tient le village de **Belvédère** qui,

A Lantosque, on est au cœur de la vallée de la Vésubie.

depuis son balcon, porte si bien son nom. Quatre kilomètres plus haut, la route passe près de **Roquebillière-le-Vieux** sur la gauche et de son église Saint-Michel-du-Gast, construite par les chevaliers de Saint-Jean-de-Jérusalem en 1533, pour rejoindre enfin le coquet village de **Saint-Martin-Vésubie** ❤ *(à 13 km de Roquebillière),* surnommé « capitale de la Suisse niçoise ».

Un peu plus haut, on accède à la station de ski de La Colmiane et au **parc national du Mercantour.**

◆ La vallée de la Tinée

La route qui remonte la vallée débouche dans la vallée du Var à hauteur du pont de la Mescla. Elle se faufile au fond des **gorges de la Mescla,** sous des rochers en surplomb. Puis, sur près de 80 km, elle traverse des paysages tour à tour verdoyants et boisés, encaissés et sauvages. Les hameaux perchés ont d'abord des allures méridionales avant de devenir, vers les hauts cols alpins, de vrais villages d'altitude. **La route du ski,** qui dessert Isola 2000 et Auron, est aussi celle des jolies chapelles peintes, baroques ou gothiques, et des maisons médiévales à **La Tour, Cians, Ilonse, Saint-Sauveur-de-Tinée,** au **Roure,** à **Saint-Etienne-de-Tinée** et **Saint-Dalmas-le-Selvage.** A 1 445 m, ce village est le plus haut des Alpes-Maritimes. On est ici aux portes du Mercantour et tout près de la frontière italienne.

➤ Le parc national du Mercantour

Renseignements 23, rue d'Italie à Nice, tél. 04 93 16 78 88, ou 8, rue Kellerman à Saint-Martin-Vésubie, tél. : 01 93 03 23 15.

Créé en 1979, il englobe toute la partie septentrionale des Alpes-Maritimes, là où elles sont frontalières avec l'Italie. Sa partie centrale s'étend sur sept vallées qui en donnent l'accès : **la Roya, la Bévéra, la Vésubie, la Tinée, le Haut-Var** dans les Alpes-Maritimes, le Verdon et **l'Ubaye** dans les Alpes-de-Haute-Provence. **Ce parc est exceptionnel,** car il marie les espaces naturels de haute montagne et ceux proches du littoral méditerranéen, ce qui entraîne une **grande richesse de la flore et de la faune** sauvages, dont le chamois, le mouflon, le bouquetin et le fameux loup. Comme tous les parcs naturels, il se visite et propose de multiples itinéraires de randonnées, dans le respect de l'environnement.

La vallée des Merveilles

Bureau du parc à Tende : 04 93 04 67 00, à Saint-Martin-de-Vésubie : 04 93 03 23 15, à Saint-Etienne-de-Tinée : 04 93 02 42 27. Accès depuis Saint-Dalmas-de-Tende, dans la vallée de La Roya, RN 204. Deux départs pédestres sont possibles. Prendre la route de Casterino, à 10 km de Saint-Dalmas : chemin vers le lac des Mesches et, à 15 km de Saint-Dalmas : chemin de Fontanalbe.

Elle recèle **un des plus riches ensembles de gravures rupestres à l'air libre d'Europe.** Sur plus de 30 km² se regroupent plus de 30 000 gravures datant de l'âge du bronze, entre 1800 et 1500 avant notre ère. Afin de les protéger, leur accès est réglementé par la présence obligatoire d'accompagnateurs par le parc et la commune de Tende.

La forêt de Turini

Entre les vallées de la Vésubie et de la Bévéra, à une trentaine de kilomètres de la côte, l'arrière-pays de Nice et Menton offre une occasion unique de dépaysement avec la forêt de Turini. On y accède depuis Sospel, par la route départementale 2566, qui franchit le col de Turini, rendu célèbre par le rallye de Monte-Carlo. Ce massif calcaire est couvert d'une remarquable forêt où **les pins maritimes et les chênes** laissent la place en altitude aux **châtaigniers, érables, hêtres, épicéas** et, sur les versants nord, à d'immenses **sapins.**

Suivez le guide !

Sospel possède un intéressant ouvrage militaire qui montre le rôle stratégique du village dans l'histoire : le fort Saint-Roch, un souterrain qui faisait partie de la mémorable ligne Maginot. Sa visite permet de découvrir comment 250 militaires pouvaient y vivre en autarcie pendant trois mois.

Le pays des Alpes

Loin des rivages d'azur et cependant encore sous l'influence directe de la Méditerranée, les hautes terres de Provence font transition vers les sommets alpins. Arides et montagneuses, elles furent longtemps une terre de passage et de transhumance. Peu peuplées, ces Alpes ensoleillées offrent de plus en plus leurs espaces au tourisme et aux vacances.

Sur les traces de Napoléon

Traversé par la route Napoléon, le pays des Alpes est aux portes du haut Verdon et s'étend, dans la vallée du Var, jusqu'aux limites des Alpes-Maritimes. La moyenne montagne se signale déjà par ses hivers rigoureux.

➤ Castellane

Presque à mi-chemin entre Grasse et Digne, ce village est une étape appréciée dans les circuits qui conduisent vers les gorges du Verdon. **Blotti au pied d'un grand rocher** où est érigée l'église Notre-Dame-du-Roc, rebâtie à plusieurs époques, Castellane fut occupé dès l'époque ligure, avant que les Romains ne s'y installent. Des remparts qui le ceinturaient, au XIVe siècle, il reste une **grande tour pentagonale,** au nord de l'agglomération, et les portes de la ville : porte de l'Horloge et porte de l'Annonciade.

➤ Le lac de Castillon

A 5 km au nord de Castellane.

Les eaux bleues du lac ont noyé le village de Castillon lorsque fut mis en eau le premier barrage du département des Alpes-de-Haute-Provence, en 1948. Il s'étend sur une dizaine de kilomètres, étroit comme un fjord, jusqu'à **Saint-André-des-Alpes,** point de départ choisi par de nombreux marcheurs et randonneurs.

Annot

A 17 km à l'est du lac de Castillon.

Le village s'est établi au bord de la vallée de la Vaïre, au pied d'une impressionnante **falaise de grès** où l'on trouve des restes d'habitations troglodytiques. Avec leurs énormes blocs en équilibre, les Grès d'Annot offrent de jolis circuits de promenades. Autour du cœur historique et des ruelles, les murs des hautes maisons forment une enceinte qui faisait office de rempart, percé de passages.

Entrevaux

A 13 km à l'est d'Annot, dans la vallée du Var.

Déjà occupé par les Romains, le site d'Entrevaux, au creux d'une cluse formée par l'étranglement de la vallée du Var, en a toujours fait une cité stratégiquement importante. Les crues du Var ont déplacé le village, qui a abandonné la rive droite au profit de l'intérieur du coude, dominé par un **roc sur lequel fut érigée la citadelle.** On monte au château, perché à 650 m, par des rampes bâties à flanc de rocher. L'entrée du village historique, depuis la route, se fait par un pont en pierre, qui enjambe la rivière et arrive à la porte Napoléon, flanquée de tours bastionnées.

On accède à Entrevaux par le pont Napoléon, qui franchit les eaux du Var.

Les gorges de Daluis

Entre Annot et Entrevaux, le Var tourne brusquement à la sortie des gorges de Daluis, au sud du Mercantour. Le torrent a creusé son lit dans une roche couleur lie-de-vin. La départementale 902 longe le défilé et rejoint Daluis, d'où se découvrent d'**impressionnants panoramas** ♥. A Guillaumes, on rejoint **le pont de la Mariée, où se pratique le saut à l'élastique.** Puis, c'est la station de sports d'hiver de Val-

Annot est dominé par d'étonnantes falaises de grès.

Le pays des Alpes

Les boules : le jeu le plus provençal qui soit.

berg, à 1 700 m d'altitude et, enfin, Beuil, où l'on pratique le ski de fond. Le circuit se complète par la descente des **gorges du Cians,** pour rejoindre la vallée du Var.

A la rencontre de Giono

➤ Manosque

Sur les pavés de la rue Grande, quatre mains ont été dessinées pour rappeler les armoiries de la ville. Créées au XVe siècle, elles évoqueraient l'origine de « Manosque », qui viendrait du latin *manus,* signifiant « main ». Les quatre mains symbolisent les villages regroupés : Mayne, Montaigut, Saint-Pierre et Toutes-Aures.

Manosque règne sur la vallée de la Durance et permet l'accès au Luberon, à la région de Forcalquier, à la montagne de Lure, au plateau de Valensole et aux gorges du Verdon.

De son passé médiéval, la vieille ville a gardé une urbanisation concentrique et le château des Hospitaliers, sur la colline du Mont-d'Or. On ne manque pas de visiter l'église Saint-Sauveur, avec sa nef romane et son clocher carré du XVIe siècle, l'église Notre-Dame-de-Romigier, où se trouve une vierge à l'Enfant, en bois, du VIIe siècle, et l'hôtel de ville, du XVIIIe.

➤ Gréoux-les-Bains

A 15 km au sud-est de Manosque.

A la sortie des basses gorges du Verdon, près du lac d'Esparron, Gréoux doit sa réputation à ses **sources d'eaux chaudes qui en ont fait un centre thermal depuis l'époque romaine.** Le vieux village s'organise de façon concentrique, autour de la colline, où se dresse un château fort en ruine datant des Templiers. L'église Notre-Dame-des-Ormeaux mélange les styles roman et gothique et possède de beaux retables représentant la sainte famille.

Giono, l'enfant de Manosque

Rarement écrivain ne s'est autant mêlé à l'image de sa région d'origine. Giono et la Provence sont indissociables. Né à Manosque en 1895, il y mourut en 1970 et y passa l'essentiel de sa vie. Poète autodidacte, il regardait le monde depuis sa Provence perchée dont la matière, les senteurs, les couleurs et les sons ont alimenté son inspiration profonde. L'œuvre généreux de Jean Giono traduit une immense culture, marquée par ses origines modestes et l'insupportable expérience de la Grande Guerre. Manosque lui rend hommage au centre Jean-Giono *(1, boulevard Elémir-Bourgès. Ouvert tlj, de 9 h à 12 h et de 14 h à 18 h. Fermé dimanche et lundi. Entrée payante).*

Le plateau de Valensole

Tel un vivant patchwork mauve et doré, les odorants champs de **lavandin** et ceux de blé ondulent sous le souffle du mistral. C'est un lieu de transhumance pour les abeilles de Provence, qui y bourdonnent tout l'été. Les routes qui traversent le plateau de Valensole conduisent à de petits villages au patrimoine historique intéressant : **Riez** et ses colonnes de granit romaines, **Saint-Martin-de-Brômes** et son donjon, **Allemagne-en-Provence** et son château des Castellane.

Le domaine de la Durance

Forcalquier

A 25 km au nord de Manosque.

Forcalquier se trouve au creux d'un bassin, entre les montagnes du Luberon et de Lure, et les lits de la Durance et de la Laye. Sa position a très tôt favorisé son occupation. La ville s'est fortifiée et s'est dotée de beaux monuments : la cathédrale Notre-Dame-du-Bourguet, **le couvent des Cordeliers,** qui rappelle l'importance du mouvement des Franciscains en Provence, et la citadelle, avec l'église Notre-Dame-de-Provence.

L'observatoire Saint-Michel

Sur le plateau du Moulin-à-Vent, à 11 km au sud-ouest de Forcalquier. Ouvert au public mercredi à 15 h précises. Entrée payante.

L'observatoire scientifique de haute Provence comprend treize coupoles et des appareils optiques destinés aux astronomes du monde entier.

Simiane-la-Rotonde

A 32 km à l'ouest de Forcalquier, en passant par Banon.

Dans ce village, remis à la mode, l'été, par l'organisation des Riches Heures musicales de la Rotonde, massive tour ronde aux origines un peu mystérieuses, il faut voir l'église de style gothique flamboyant et se promener dans les ruelles typiques.

Banon

A 10 km au nord de Simiane-la-Rotonde.

De ce village médiéval fortifié, dominé par l'église Saint-Just, on connaît surtout **le fromage de chèvre,** emballé dans une feuille de châtaignier pour être affiné pendant un à deux mois.

Le plateau de Ganagobie

A 18 km au nord-est de Forcalquier.

Dominant la vallée de la Durance, ce plateau, auquel on accède par une petite route tortueuse, est occupé par un **monastère du Xe siècle** dont on peut admirer l'église romane et le cloître.

Le plateau permet d'agréables promenades, offrant de beaux panoramas vers la Durance et le plateau de Valensole.

Lurs

A 10 km à l'ouest de Forcalquier.

Ancienne résidence d'été des

évêques de Sisteron, Lurs est accroché à un éperon et propose une des plus belles vues vers la Durance et la région de Forcalquier.

La citadelle de Sisteron marque la frontière entre la haute Provence et les Alpes dauphinoises.

Les citadelles provençales

Sisteron

Visible de loin, avec sa **citadelle** dont on parlait déjà dans des textes du XIe siècle et que Vauban aménagea, Sisteron est une vraie porte entre la haute Provence et les Alpes dauphinoises. Bâtie au creux d'une barre calcaire, jadis entaillée par les glaciers, la ville commande cette clue depuis l'époque romaine. Dès le Ve siècle, elle fut le siège d'un évêché et devint l'une des plus importantes cités de Provence. Outre la citadelle, à laquelle on arrive par un escalier de 365 marches creusé dans le rocher, Sisteron est à visiter pour la cathédrale Notre-Dame-des-Pommiers, avec ses trois nefs et son clocher carré, et pour ses **ruelles étroites, bordées de maisons anciennes.**

La Cité du diable

Sisteron s'est établie en un endroit si sauvage qu'il a fait naître plus d'une légende. L'une d'elles raconte que le diable vient parfois y élire domicile pour surveiller les pécheurs des lieux. On prétend qu'il se camoufle à l'intérieur de l'échauguette où s'achève le chemin de ronde de la citadelle. De cette cachette, la vue est plongeante sur les environs. Les récits ajoutent que le diable provoqua un orage dévastateur qui détruisit une partie des remparts, en 1540, et fit périr, noyées, les religieuses d'un monastère, à l'exception de deux d'entre elles.

La montagne de Lure

Au sud-ouest de Sisteron, dominée par le signal de Lure (1 828 m), elle étend sa chaîne calcaire entre le plateau d'Albion et la vallée de la Durance. La nature y est préservée. Une route sinueuse traverse le massif entre **Saint-Etienne-les-Orgues** et **la vallée du Jabron,** aux portes de Sisteron. Elle permet de se familiariser avec les étages successifs de végétation : forêts de hêtres, de pins sylvestres, de sapins et lande des sommets. On peut faire une halte à **l'abbaye bénédictine Notre-Dame de Lure**, construite dans un vallon.

Château-Arnoux

A 15 km au sud de Sisteron.

Sur la rive droite de la Durance, dont le cours a été assagi par la construction d'un barrage, en 1963,

Suivez le guide !

Un sentier des crêtes conduit les bons marcheurs à la découverte de la réalité géologique des rochers des Mées, tout en profitant d'un vaste panorama sur la vallée de la Durance. Il est conseillé de partir de la chapelle Saint-Roch.

Château-Arnoux vaut un arrêt pour son **château** du XVIe siècle, construit au pied d'un rocher. On peut aussi visiter la chapelle Saint-Jean, au sud-ouest du village, d'où l'on découvre un beau panorama sur la Durance et la Bléone.

➤ Les Mées

A 10 km au sud de Château-Arnoux.

Sa situation, au confluent de la Durance et de la Bléone, lui a valu d'être occupé dès le néolithique, avant d'éveiller l'intérêt des Romains, des Wisigoths, des Vandales et des Sarrasins et d'être un terrain de bataille pour les guerres de Religion. Les étonnants rochers qui entourent le site des Mées se distinguent depuis la rive droite de la Durance.

Les rochers des Mées, surnommés « Pénitents », sont à l'origine d'une jolie légende.

Le pays de Digne

➤ Digne-les-Bains

Au confluent de trois rivières, la Bléone, le Mardaric et les Eaux-Chaudes, Digne bénéficie d'un microclimat doux et ensoleillé qui marque la limite de l'olivier. Etape traditionnelle de la transhumance, **centre de production de lavande,** la préfecture des Alpes-de-Haute-Provence s'est taillé une réputation de **ville thermale** depuis l'Antiquité. Actuellement, sept sources alimentent les thermes, au pied de la falaise Saint-Pancrace.

Sa christianisation précoce se manifeste par la construction d'une église dès le Ve siècle. Elle fut remplacée par

Les pénitents des Mées

L'étrange alignement de rochers dressés vers le ciel a donné naissance à une légende qui met en scène les occupants sarrasins et sept superbes Mauresques, faites prisonnières par un certain Rimbaud des Mées. L'histoire raconte que ce dernier, voulant les garder chez lui, au lieu de les envoyer à Arles pour être remises aux autorités, provoqua un tel scandale que les prieurs du voisinage l'obligèrent, sous peine d'excommunication, à se débarrasser de ses captives. Finalement, les sept belles Sarrasines, vêtues de voiles, furent conduites jusqu'à la Durance, sous le regard intéressé de la population et même des moines. Ceux-ci, en punition de leur péché, furent pétrifiés dans leur robe de bure. Depuis, les rochers sont appelés « les Pénitents des Mées ».

L'oursin des Alpes

Il y a 200 millions d'années, la mer arrivait jusqu'à Digne ! C'est ce que démontrent les étonnants fossiles d'oursins, d'ammonites, de polypiers trouvés sur les hauteurs à l'est de Digne. La Thétys, grand océan, recouvre alors la haute Provence. Les sédiments, arrachés au relief, se déposent au fond de la mer en couches successives. Il y a 80 millions d'années, des terres émergent. Apparaissent alors les dinosaures, jusqu'au retour de la mer, qui précède la naissance des Alpes. Voilà ce que raconte la réserve géologique de haute Provence, une vaste zone protégée de 150 000 ha, qui en font le plus grand musée en plein air d'Europe, ainsi que le Centre de Saint-Benoît, à Digne.

Parc Saint-Benoît, *route de Barles. Ouvert tlj de 8 h 30 à 12 h et de 14 h à 17 h 30. Fermé samedi et dimanche, de novembre à mars. Entrée payante.*

l'ancienne **cathédrale Notre-Dame-du-Bourg, bel édifice roman.** La vieille ville, qui a gardé son cachet, se regroupe autour de l'église Saint-Jérôme, cathédrale actuelle.

Le circuit des vallées

Digne peut être le point de départ de circuits routiers vers les vallées et les villages caractéristiques de cette haute Provence.

On peut retenir celui qui conduit à **Entrages, Barrême, Clumanc, Plan-de-Chaude, Lambruisse, Saint-André-des-Alpes, Moriez,** en empruntant successivement la D 20, la route Napoléon, la D 19, la D 219, et la N 202.

Les hautes terres

La vallée de l'Ubaye

On est ici en pleine montagne. L'Ubaye, qui prend sa source à la frontière italienne, à plus de 2 500 m d'altitude, a creusé une vallée sauvage, longtemps isolée, pour rejoindre la Durance, au lac de Serre-Ponçon. Tout au long de ses 90 km, cette vallée taillée par des eaux torrentueuses bénéficie d'un **climat sec et ensoleillé exceptionnel.** Quelques hameaux et peu de villages se sont implantés de part et d'autre de Barcelonnette, véritable capitale de cette haute vallée.

♦ Barcelonnette

Fondée en 1231 par un comte de Provence originaire de Barcelone, Barcelonnette se singularise surtout par ses **villas mexicaines** qui rappellent l'exode massif de près de 5 000 habitants qui partirent

Le clocher de la cathédrale Saint-Jérôme de Digne-les-Bains.

Les marchés hebdomadaires de Gap sont appréciés dans toute la région.

faire fortune au Mexique, entre le milieu du XIXe siècle et l'entre-deux-guerres, avant de revenir au pays.
Depuis Barcelonnette, par la D 902, on rejoint facilement les stations de ski de **Pra-Loup** *(à 8,5 km au sud-ouest de Barcelonnette)* au sud, puis, par la D 908, on franchit le col d'Allos, à 2 240 m, avant de rejoindre **Colmars-les-Alpes** *(à 44 km au sud de Barcelonnette)* et ses fortifications médiévales.
La haute vallée de l'Ubaye conduit, par la D 900, vers **Jausiers** *(à 9 km à l'est de Barcelonnette)*, d'où l'on peut atteindre le col de Restefond-La Bonette, à 2 802 m, par **la plus haute route d'Europe.**
En continuant à remonter l'Ubaye vers Saint-Paul, on remarque **le fort de Tournoux** *(à 7 km au nord de Jausiers)*, un imposant édifice militaire datant du siècle dernier.

◆ Le lac de Serre-Ponçon

Mis en eau en 1960 après la construction du barrage sur le cours de la Durance, ce lac est en majeure partie dans les Hautes-Alpes. Il constitue un **magnifique plan d'eau,** entouré de hauts sommets, très apprécié l'été. On peut découvrir l'énorme digue en terre compactée, en empruntant la D 3, en aval du barrage.

Escapade dans les Hautes-Alpes

Depuis le lac de Serre-Ponçon, les sommets et les hautes vallées offrent de nombreuses possibilités d'itinéraires de découvertes.

➤ Gap

A quelque 100 km de Grenoble et à moins de 200 km de Marseille, la préfecture des Hautes-Alpes est le grand carrefour des Alpes du Sud, d'où l'on rejoint de hautes stations de ski telles qu'Orcières-Merlette. S'il ne faut pas manquer sa cathédrale gothique et le beffroi de l'hôtel de ville, Gap peut être une base de départ pour divers circuits. On peut citer celui des **Demoiselles coiffées**, en emprun-

Suivez le guide !

Ville paisible, Gap s'anime tout spécialement à l'occasion des fêtes et de ses marchés hebdomadaires, le mercredi et le samedi. C'est l'occasion de la parcourir à pied et de découvrir quelques beaux objets de l'artisanat local.

Les forêts de sapins du haut pays montrent bien que la Provence est aussi alpine.

tant la D 942 b, qui franchit le col de la Sentinelle, avant de rejoindre **Valserres** et **Théus,** d'où l'on peut découvrir d'impressionnantes cheminées des fées.

➤ Embrun ♥

A 36 km à l'est de Gap par la N 94.

Connue pour son climat exceptionnel, **au pied du massif des Ecrins,** Embrun est une petite ville dont quelques monuments rappellent la splendeur passée, quand la cité était une place forte et un évêché : la cathédrale Notre-Dame et son beau portail, la tour Brune, vestige de l'ancien donjon, et le couvent des Cordeliers.

Suivez le guide !

Pour accéder aux plus hautes pistes de ski de la station, prenez le téléphérique du Prorel, dont la gare de départ est au centre du village. Vous pourrez ainsi facilement profiter de l'immense domaine skiable de Serre-Chevalier.

➤ Briançon

A 35 km au nord d'Embrun par la N 94.

A 1 326 m, elle est **la plus haute ville d'Europe, après Davos, en Suisse.** Dominée par les tours de l'église Notre-Dame, la vieille ville, enfermée dans les remparts de Vauban, n'a pas changé depuis le XVIIe siècle. On remarque les portes de Pignerol et d'Embrun. De Briançon, on peut passer le fameux col de l'Izoard à 2 360 m d'altitude, par la D 902, pour atteindre le massif du Queyras et pousser jusqu'à **Saint-Véran** ♥ *(à 53 km au sud de Briançon),* **le village le plus haut d'Europe.**

Le soleil encadré

Isolé au milieu du massif alpin, **le Queyras,** que l'on atteint par une route unique, est une montagne de haute altitude qui bénéficie d'un très bon ensoleillement et d'une forte luminosité. A l'intérieur de cet espace préservé par la réglementation des parcs naturels régionaux, les vieilles maisons sont nombreuses à afficher d'anciens cadrans solaires. En général, réalisés en enduit frais et colorés avec des pigments naturels, ils possèdent souvent des devises en latin, telles que : « *Vita fugit sicut ombra* » (la vie fuit comme une ombre), « *Nihil sine sole* » (rien sans soleil)...

Carnet d'adresses

Marseille et environs

➤ Hôtels

- Le Petit Nice,
Anse de Maldormé, 160, corniche J.-F.-Kennedy.
Cet établissement luxueux qui surplombe la mer a choisi de proposer à ses clients deux styles de chambres : Arts-Déco ou moderne. La table y est parfaitement méditerranéenne. Un bon service pour un beau séjour : piscine, ski nautique…

- Sofitel Vieux-Port,
36, bd Charles-Livon.
Etablissement moderne et de grand confort, dominant le Vieux Port et offrant une vue exceptionnelle sur la ville.

- St-Ferreol's,
19, rue Pisançon.
Pour bien montrer que l'on est au pays des peintres, les portes des chambres affichent leurs noms, de Picasso à Gauguin. Cet établissement confortable est à deux pas de la Canebière.

➤ Restaurants

- Le Miramar,
12, quai du Port, tél. : 04 91 91 10 40. Fermé dimanche et lundi midi.
Une adresse incontournable pour qui aime poissons et crustacés de la Méditerranée, dont la célèbre bouillabaisse, le loup au gros sel et la fricassée de homard.

- Les Mets de Provence,
18, quai de Rive-Neuve, tél. : 04 91 35 35 38. Fermé dimanche et lundi midi.
De la salle, on domine le Vieux Port et, chaque jour, on a la surprise du menu, qui change, mais sent toujours bon la Provence.

- L'Epuisette,
138, vallon des Auffes, tél. : 04 91 52 17 82. Fermé dimanche soir et lundi midi.
Véritable institution locale située à l'entrée du vallon des Auffes, ce restaurant offre un cadre exceptionnel au-dessus de la mer pour déguster une cuisine simple mais bien parfumée.

➤ Sortir/loisirs

- Les Arcenaulx,
25, cours d'Estienne-d'Orves.
Une adresse branchée pour qui aime boire un verre, déguster un bon plat, dans une ambiance culturelle, grâce à la librairie qu'y tiennent les sœurs Laffitte, éditrice et restauratrice célèbres à Marseille.

- Bar de la Marine,
15, quai de Rive-Neuve.
Un bistrot sur le Vieux Port fréquenté par les artistes.

➤ Shopping

- Le Four des navettes,
136, rue Sainte.
L'une des boulangeries les plus anciennes de Provence a pour spécialité la fabrication de navettes, des petits biscuits secs, longs et fendus, parfumés à la fleur d'oranger. Ils sont une spécialité marseillaise.

- La Boule bleue,
Montée de Saint-Menet, tél. : 04 91 43 27 20.
Pour jouer à la pétanque avec ses propres boules, fabriquées artisanalement et même personnalisées.

- Santons Carbonel,
47, rue Neuve-Sainte-Catherine, tél. : 04 91 54 26 58.
Si l'on aime décorer ses vitrines de petits personnages ou si Noël ne se conçoit pas sans une crèche, un détour est conseillé par cette célèbre maison qui fait également visiter ses ateliers.

- Amy Sicard,
2, bd Emile-Combes, Aubagne, tél. : 04 42 70 12 92.
Santonnier depuis plusieurs générations, cet atelier est celui où fut imaginée la cigale en céramique accrochée près de la porte d'entrée des maisons provençales.

➤ Adresses utiles

- Office du tourisme,
4, avenue de la Canebière, tél. : 04 91 13 89 00.

- Cybercafés,
Cyber Espace Informatique, 26, bd de la Libération, tél. : 04 91 92 61 11 ; Le Rézo, 68, cours Julien, tél. : 04 91 42 70 02.

Aix-en-Provence et environs

➤ Hôtels

- Grand Hôtel Roi-René,
24, boulevard du Roi-René.
A deux pas du cours Mirabeau, cet hôtel de prestige offre 134 chambres aux prestations haut de gamme, dans un superbe cadre avec des jardins parfumés, terrasse et patio fleuris, piscine...

- Château de la Pioline,
Rue Guillaume-de-Vair, Les Milles.
Dans cet hôtel classé monument historique, bâti dans un jardin à la française, les chambres sont spacieuses et confortables. Certaines bénéficient d'un jardin privatif.

- Le Pigonnet,
5, av. du Pigonnet.
A deux pas du centre-ville, cet établissement offre la possibilité de loger dans une bastide provençale, au cœur d'un parc paisible.

➤ Restaurants

- Le Clos de la violette,
10, av. de la Violette, tél. : 04 42 23 30 71. Fermé dimanche, lundi midi et mercredi midi, d'avril à novembre.
Une table pour une cuisine recherchée, aux parfums et aux saveurs du terroir.

- Chez Féraud,
8, rue du Puits-Juif, tél. : 04 42 63 07 27. Fermé dimanche et lundi midi.
Soupe au pistou, parfum de thym, accents méridionaux sont les qualités de la cuisine de cet établissement simple et de qualité.

- Le Bistro latin,
18, rue Couronne, tél. : 04 42 38 22 88. Fermé dimanche et lundi midi.
Dans un décor de style bistrot, on sert une cuisine sympathique, dont un menu du marché très abordable.

➤ Sortir/loisirs

- Le Pasino
Av. de l'Europe, tél. : 04 42 59 69 00.
La ville thermale vient de se doter d'un grand complexe de jeux possédant machines à sous, jeux traditionnels et plusieurs restaurants.

- Planétarium Peiresc.
Parc St Mitre, av. Jean Monnet. Ouvert tlj sauf dimanche. Entrée payante, tél. : 04 42 20 43 66.
Cet établissement récent propose plusieurs types d'animations : présentation du ciel du jour, diaporamas, projections astronomiques à thèmes ainsi que diverses expositions.

- **Les Deux Garçons,**
53, cours Mirabeau, tél. : 04 42 26 00 51.
Rien de tel que de s'installer sur la terrasse ou dans la salle de ce café, véritable institution locale, pour passer un bon moment, comme le firent Edith Piaf, Sartre ou Cézanne.

- **Les jardins d'Albertas,**
RN 8, à Bouc-Bel-Air, à 11 km au sud d'Aix.
Ce jardin à la française du XVIIIe siècle est un havre de paix et de fraîcheur.

➤ Shopping

- **Calissons du Roy-René,**
7, rue Papassaudi, tél. : 04 42 26 67 86.
Une excellente façon d'emporter un souvenir sucré de son passage à Aix.

- **Marché,**
Place Richelme.
Un des nombreux marchés de la ville, si agréables sous les platanes. Ici, la Provence propose ses fruits parfumés et ses légumes frais.

- **Village des Antiquaires,**
RN 7, Lignane, Puyricard.
Pour ceux qui aiment chiner et retrouver la Provence traditionnelle.

➤ Adresses utiles

- **Office du tourisme,**
2, place du Général-de-Gaulle, tél. 04 42 16 11 61.

- **Cybercafé,**
Le Hublot, 15, rue Paul-Bert, tél. : 04 42 21 31.

Avignon et environs

➤ Hôtels

- **Hôtel de la Mirande,**
4, place de la Mirande.
Cette hostellerie de prestige est située au pied du Palais des papes. Elle propose des chambres de charme et de grand confort.

- **Cloître Saint-Louis,**
20, rue Portail-Boquier.
L'établissement, calme et luxueux, réussit le mariage entre l'architecture d'un cloître du XVIe siècle et d'une aile contemporaine, où les chambres sont d'un design recherché.

- **Hôtel Mercure Palais-des-Papes,**
Rue Ferruce, quartier de la Balance.
Au cœur de la vieille ville et à quelques mètres du Palais de papes, ce grand hôtel offre toutes les prestations d'un établissement de grand standing (chambres climatisées, minibar...). Le plus : un petit déjeuner-buffet servi dans le jardin.

➤ Restaurants

- **Christian Etienne,**
10, rue Mons, tél. : 04 90 86 16 50. Fermé dimanche et lundi, du 15 septembre au 15 juin.
On y déguste une grande cuisine provençale de tradition, avec des spécialités étonnantes, telles que le menu tout tomate.

- **Brunel,**
46, rue de la Balance, tél. : 04 90 85 24 83. Fermé dimanche et lundi.
On y partage une cuisine traditionnelle, généreuse et pleine de saveurs.

- **La Fourchette,**
17, rue Racine, tél. : 04 90 85 20 93. Fermé samedi et dimanche.
Le loup grillé, le filet de daurade au safran et la daube avignonnaise sont servis avec simplicité et convivialité.

➤ Sortir/loisirs

- **Pub Z,**
58, rue Bonneterie.
Pour boire un verre, dans un endroit à la mode, où tout rappelle les rayures de l'animal fétiche, le zèbre.

- **Marché aux fleurs,**
Place Pie et près des remparts, le samedi matin.

➤ Shopping

- **Rue Joseph-Vernet,**
Boutiques à la mode, magasins de tissus provençaux, antiquaires, galeries d'art font de cette rue et de ses voisines l'un des quartiers les plus animés du centre-ville.

➤ Adresses utiles

- **Office du tourisme,**
41, cours Jean-Jaurès, tél. : 04 32 74 32 74.

- **Cybercafé,**
Cyber Highway, 30, rue des Infirmières, tél. : 04 90 27 02 09.

L'Isle-sur-la-Sorgue

➤ Hôtel

- **Domaine de Mousquety,**
84800, L'Isle-sur-la-Sorgue (fermé en janvier).
Dans un domaine de 22 ha traversé par la Sorgue, hébergement en formule hôtel ou maisonnettes provençales. Piscine, tennis, aire de jeux pour les enfants, et nombreuses animations, bar, restaurants, discothèque…

Manosque et environs

➤ Hôtel

- **Hostellerie de la Fuste,**
A 6 km de Manosque, au lieu-dit La Fuste.
Au pied du plateau de Valensole, cette bastide du XVIIe siècle, installée dans un parc, offre un séjour calme au pays de la lavande.

➤ Restaurants

- **Hostellerie de la Fuste,**
Même adresse que l'hôtel, tél. : 04 92 72 05 95. Fermé dimanche soir et lundi, d'octobre à juin.

Ici, on aime la truffe, les légumes frais, les petits farcis de Provence, les champignons sauvages et les fromages de chèvre.

- Dominique Bucaille,
43, bd des Tilleuls, tél. : 04 92 72 32 28. Fermé mercredi soir et dimanche.
L'agneau décliné de plusieurs façons, les raviolis de foie gras, l'œuf poché au foie gras sont parmi les recettes qui font la délicatesse de cette table.

➤ Shopping

- André Nevière,
Route de Manosque à Valensole, tél. : 04 92 74 85 28.
Une des nombreuses adresses de la région, où l'on peut trouver son miel de lavande.

- Moulin de l'Olivette,
Place de l'Olivette, tél. : 04 92 72 00 99.
Pour faire ses provisions d'huile d'olive extravierge et parfumée.

- Fromagerie Debaisieux,
Domaine de la Fare, Gréoux-les-Bains, tél. : 04 92 74 20 64.
Les chèvres sont élevées dans la colline pour produire de savoureuses tommes et des fromages de Banon.

➤ Adresse utile

- Office du tourisme,
Place du Dr-P.-Joubert, tél. : 04 92 72 16 00.

Toulon

➤ Hôtel

- New Hôtel Tour-Blanche,
Bd Amiral-Vence, près du téléphérique du mont Faron.
Cet hôtel moderne et confortable possède une très belle vue sur toute la rade de Toulon.

- Les Bastidières,
2 371, av. de la Résistance, au cap Brun.
Il faut s'y prendre impérativement à l'avance pour réserver une des chambres de ce petit établissement au charme provençal d'où l'on domine la mer.

➤ Restaurants

- Le Jardin du sommelier,
20, allée Courbet, tél. : 04 94 62 03 27. Fermé samedi midi et dimanche.
Non loin du port, ce restaurant sympathique et accueillant sert une cuisine imaginative à partir de produits et de saveurs régionaux.

- Le Gros Ventre,
279, littoral Frédéric-Mistral, tél. : 04 94 42 15 42. Ouvert tlj.
Face au petit port du Mourillon et au fort Saint-Louis, les produits frais se déclinent en une carte soignée.

- Au Sourd,
10, rue Molière, tél. : 04 94 92 28 52. Fermé dimanche et lundi.
Une bonne petite adresse, pour une excellente friture fraîchement pêchée.

Shopping

- Marché,
Cours Lafayette, tous les matins.
Chanté par Gilbert Bécaud, ce marché est une véritable institution régionale.

Adresses utiles

- Office du tourisme,
Place J.-Raimu, tél. : 04 94 18 53 00.

- Cybercafé,
Cyber Espace, 10, place Louis-Pasteur, tél. : 04 98 00 69 11.

Saint-Tropez

Hôtels

- Château de la Messardière,
Route de la Plage-de-Tahiti.
L'une des très grandes adresses du golfe de Saint-Tropez. Dans un parc de 8 ha, un château kitch, mais qui ne manque pas de charme, propose des suites prestigieuses et des chambres luxueuses.

- La Ponche,
3, rue des Remparts, port des Pêcheurs.
A l'entrée du port, près du musée de l'Annonciade, cet établissement possède des chambres de très bon confort, dans quatre anciennes maisons de pêcheurs.

- Le Yaca,
1, bd d'Aumale.
Accueil confortable et ambiance chaleureuse dans cet hôtel de bon goût, fréquenté en leur temps par Greta Garbo ou Orson Welles.

Restaurants

- Leï Mouscardins,
Rue Portalet, tél. : 04 94 97 29 00. Fermé dimanche soir et lundi, hors saison.
Les entrées typiquement provençales, les rougets du pays, les écrevisses aux châtaignes : ici, la cuisine ne manque ni d'imagination, ni de saveurs. On la déguste dans une salle d'où la vue est magnifique sur le golfe.

- L'Olivier,
Route des Carles, tél. : 04 94 55 82 55. Fermé lundi et mardi, d'octobre à avril.
Le restaurant du grand hôtel de La Bastide de Saint-Tropez est une des grandes tables de la région. On y retrouve les meilleurs produits de la Méditerranée et de la Provence.

- Le Girelier,
Quai Jean-Jaurès, tél. : 04 94 97 03 87. Fermé lundi, sauf le soir, en juillet et août.
Les produits de la mer sont une spécialité de ce restaurant qui n'oublie pas la tarte tropézienne au dessert avec, en prime, la vue sur les yachts et le port.

- Fuchs,
7, rue des Commerçants, tél. : 04 94 97 01 25. Fermé mardi, hors saison.
Cette maison tenue par de vrais Tropéziens est une des adresses branchées de la station, ce qui ne l'empêche pas de réaliser une cuisine régionale de qualité.

Sortir/loisirs

- Sénéquier,
Quai Jean-Jaurès.
Pour ceux qui aiment voir et se montrer à la fois, cette terrasse est l'une de celles, le long du port, où il faut aller prendre un verre.

- Papagayo,
Résidences du Port.
Une des discothèques les plus fréquentées par la jet-set, depuis que l'on pouvait y rencontrer Brigitte Bardot, dans les années 60.

- Les Caves du Roy,
Hôtel Byblos, avenue Foch.
Cette boîte de nuit, dans l'un des prestigieux palaces de la station, est l'un des hauts lieux de la vie branchée.

- La Plage de Tahiti
Les vedettes du « show biz » se rencontrent parfois dans cette discothèque, ceux qui viennent les voir beaucoup plus souvent.

➤ Shopping

- Aux galeries tropéziennes,
56, rue Gambetta.
Encore un endroit où la célébrité de la clientèle est à l'origine d'un grand succès. On y trouve des produits locaux, de quoi décorer son appartement...

- Les sandales tropéziennes Rondini,
16, rue Clemenceau.
Ces sandales plates et en lanières de cuir, que portaient traditionnellement les moines, sont devenues à la mode depuis que Saint-Tropez en a fait une de ses spécialités et les a baptisées tropéziennes.

➤ Adresse utile

- Office du tourisme,
Quai Jean-Jaurès, tél. : 04 94 97 45 21.

Cannes

➤ Palaces

- Majestic,
14, bd de la Croisette.

- Noga Hilton,
50, bd de la Croisette.

- Carlton Inter-Continental,
58, bd de la Croisette.

- Martinez,
73, bd de la Croisette.

- Sofitel Méditerranée,
2, bd Jacques-Hibert.

- Gray d'Albion,
38, rue Serbes.

➤ Hôtels

- Le Paris,
34, bd d'Alsace.
Au centre de Cannes, cet établissement confortable est un ancien hôtel particulier du XIXe siècle, dans un beau parc.

- Fouquets,
2, rond-point Duboys-d'Angers.
Cet hôtel propose des chambres spacieuses et calmes, au centre-ville et près de la plage.

➤ Restaurants

- Belle Otéro,
58, bd de la Croisette, tél. : 04 92 99 51 10. Fermé mardi midi, dimanche et lundi, sauf en juillet et août.
Situé au dernier étage du *Carlton*, ce restaurant de très grande classe est le domaine d'une cuisine raffinée.

- Le Relais des semailles,
9-11, rue Saint-Antoine, tél. : 04 93 39 22 32. Dîner seulement. Fermé dimanche.
La cuisine provençale y est préparée avec personnalité.

- Côté Jardin,
12, av. Saint-Louis, tél. : 04 93 38 60 28. Fermé lundi, sauf l'été, et dimanche.
Une cuisine simple et savoureuse est servie, l'été, dans un petit jardin frais.

➤ Sortir/loisirs

Possédant il y a peu de temps encore plusieurs établissements de jeux de grande réputation, la ville ne compte maintenant plus qu'un seul grand casino.

- Casino Barrière de Cannes Croisette,
Palais des Festivals, tél. : 04 92 98 78 00.

Les discothèques sont également nombreuses.

- Whisky à Gogo,
115, av. Lérins,
tél. : 04 93 43 20 63.

- Jimmy'z Discothèque,
Palais des Congrès,
jetée Albert-Edouard,
tél. : 04 92 98 78 78.

Shopping

- Rue d'Antibes,

Cette artère, parallèle à la Croisette, est le lieu des beaux magasins cannois : antiquaires, boutiques de mode, bijoutiers, galeries d'art…

- Ciné Folie,
14, rue des Frères-Pradignac.
Photos, cassettes, affiches, livres, objets y sont en grand nombre pour les passionnés de cinéma.

Adresse utile

- Office du tourisme,
Palais des festivals, tél. : 04 93 39 24 53.

Nice

Hôtels

- Négresco,
37, promenade des Anglais.
Vraisemblablement le plus célèbre des palaces niçois, qui sont nombreux tout au long de la promenade des Anglais. Les œuvres d'art sont ici comme dans un grand musée.

- La Pérouse,
11, quai Rauba-Capéu.
Très bien situé sur le rocher du château, d'où il domine la baie, cet hôtel conjugue confort et charme.

- Le Petit Palais,
10, av. Emile-Bieckert.
Accroché sur la colline de Cimiez, l'hôtel propose des chambres avec vue sur les toits de Nice et la baie des Anges.

- Masséna,
58, rue Gioffredo.
Cet établissement de bon confort offre l'avantage d'être bien situé entre le centre-ville et la plage.

Restaurants

- Chantecler,
37, promenade des Anglais, tél. : 04 93 16 64 00.
L'une des grandes tables de la côte. Le décor y est somptueux et la cuisine d'un grand raffinement.

- L'Univers-Christian Plumail,
54, bd Jean-Jaurès, tél. : 04 93 62 32 22.
Fermé samedi midi et dimanche.
Le cadre y est très beau et la cuisine a les accents de Provence, mais pas exclusivement.

- Don Camillo,
5, rue Ponchettes, tél. : 04 93 85 67 95.
Fermé lundi midi et dimanche.
Aux portes du Vieux-Nice, ce restaurant propose cuisines niçoise et italienne.

- Fleur de sel,
10, bd Dubouchage, tél. : 04 93 13 45 45.
Fermé samedi et dimanche.
La cuisine méridionale y est savoureuse, parfumée et même originale. L'été, des tables sont installées sur une terrasse fleurie.

Glacier

- Fenocchio Glacier,
2, place Rossetti.
S'il fait chaud, une des meilleures adresses de la ville pour déguster une glace.

Sortir/loisirs

Nice est une ville qui vit la nuit. Les discothèques, les piano-bars, les dîners-spectacles, les pubs et les cafés-théâtres y sont

si nombreux qu'une nuit est bien trop courte pour en découvrir ne serait-ce qu'un sur dix.

- Casino Ruhl,
1, promenade des Anglais.
Outre ses salles de jeux, l'établissement organise de grands dîners-spectacles.

- Marché aux fleurs,
Le marché du cours Saleya est l'un des plus beaux et des plus célèbres de la région. Sa visite montre combien la Côte d'Azur est bien la région des fleurs.

➤ Shopping

- Confiserie Auer,
7, rue Saint-François-de-Paule.
Dans cette boutique du XIXe siècle, on sert de merveilleux fruits confits depuis plusieurs générations.

- Alziari,
14, rue Saint-François-de-Paule.
La réputation des huiles d'olive, servies au milieu des récipients d'olives et de tapenade, y est telle qu'on la dit une des meilleures de Provence.

- Château de Bellet,
440, chemin de Saquier.
On y trouve l'un des très rares vins produits dans les Alpes-Maritimes.

➤ Adresses utiles

- Office du tourisme,
Acropolis, 1, esplanade Kennedy, tél. : 04 93 92 82 82.

- Cybercafé,
Cyber Café-La Douche, 34, cours Saleya, tél. : 04 93 62 81 31.

Menton

➤ Hôtels

- Le Vendôme,
1640, promenade du Soleil.
Situé sur le front de mer, dans une rue piétonne à 5 min à pied du marché, cet hôtel climatisé possède 50 chambres grand confort, rénovées aux couleurs de la Provence. Terrasses panoramiques, restaurant avec superbe vue sur la mer.

➤ Restaurants

- Le Darkoum,
23, rue Saint-Michel, tél. : 04 93 35 44 88.
Fermé lundi et mardi hors saison.
Une bonne occasion de traverser la Méditerranée en savourant une très bonne cuisine du Maghreb.

- A Braijade Meridounale,
66, rue Longue, tél. : 04 93 35 65 65.
Fermé le midi, en juillet et août, et mercredi, de septembre à juin.
Pour goûter la vraie cuisine régionale, dans une ambiance conviviale, rien de tel que cette petite adresse.

En savoir plus

En savoir plus

Tableau des distances kilométriques

	Aix	Arles	Avignon	Digne	Draguignan	Gap	Manosque	Marseille	Saint-Raphaël	Sisteron	Toulon	Nice
Aix	—	76	86	110	106	158	53	31	119	110	81	17
Arles	76	—	80	186	155	234	129	92	194	186	157	25
Avignon	86	80	—	143	186	178	92	100	199	140	161	25
Digne	110	186	143	—	114	87	57	141	177	39	161	15
Draguignan	106	155	186	114	—	201	88	118	33	145	81	8
Gap	158	234	178	87	201	—	100	189	264	48	238	22
Manosque	53	129	92	57	88	100	—	84	121	57	137	19
Marseille	31	92	100	141	118	189	84	—	131	141	64	19
Saint-Raphaël	119	194	199	177	33	264	121	131	—	216	96	6
Sisteron	110	186	140	39	145	48	57	141	216	—	190	18
Toulon	81	157	161	161	81	238	137	64	96	190	—	15
Nice	177	253	257	154	89	220	197	190	69	186	153	–

Lexique

Même si le provençal n'est pratiquement plus parlé, on l
retrouve dans de nombreuses expressions.

Expressions courantes

Qu'es aco ? : qu'est-ce que c'est ?
Allez maï : que tout aille bien pour toi.
Dater de l'an pèbre : être très ancien.
Et patin-couffin : ainsi de suite, etc.
C'est une arapède : c'est une personne collante.
Fatche de... : juron exclamatif exprimant la surprise ou l'énervement.
Faire le càcou : frimer (pour un homme).
Fan de chichourle ! : Bon sang !
Ça m'escagasse : ça m'énerve, ça m casse le moral.
Parler pointu : parler sans l'accent d Midi.
Les brailles : le pantalon.
Le cagnard : le soleil.
Un pastagua : un pastis.
Bouléguer : bouger.
Minots : petits enfants.
Esquicher : serrer, écraser.
Un fada : un imbécile.

Bibliographie

Histoire, politique et société

Histoire de la Provence, sous la direction d'Edouard Baratier (Privat, 1990).

Histoire de Provence-Alpes-Côte d'Azur. Naissance d'une région, 1945-1985, R. Duchêne (Fayard, 1986).

Le Peuple de la mer. Pêcheurs et poissons dans le pays de Marseille, Jacques Dupuy/Jo Harmelin (Editions Jeanne Laffitte, 2000).

L'Age d'or de la parfumerie à Grasse, Eliane Perrin (Edisud).

Dictionnaire du français régional de Provence, Philippe Blanchet (Edition Bonneton, 1996).

Zou, Bouligan ! Expressions familières de Marseille et de Provence (Bonneton, 2000).

Vieilles recettes de cuisine provençale, Calixtine Chanot-Bullier (P. Tacussel Editions, 2000).

Les Tables des quatre saisons en Provence, Françoise Delesty (P. Tacussel Editions, 2000).

Art et culture

Marseille, J.-C. Izzo et Daniel Morzinski (Hoëbeke, 2000).

Peintres de la couleur en Provence 1875-1920 (Office régional de la culture, région PACA, 1995).

La Transhumance, Robert Doisneau (Actes Sud, 1999).

La Provence de Giono (Collection les chemins de l'œuvre, Edisud).

La Provence de Pagnol (Collection les chemins de l'œuvre, Edisud).

Le Château des papes, en trois volumes : *Les intrigants. Les bâtisseurs. Les impétueux* Claude Mossé (Plon, 2000).

La Lavande pour créer, décorer, cuisiner, Tessa Evelegh, photos Debbie Patterson (Manise éditeur).

Littérature

Le Vieux Port, Notre-Dame de la Garde, Yann de L'Ecotais, 2 vol. (Plon, 2000).

Maurin des Maures, Jean Aicard, 2 vol. (Largevision Editions, 1999).

Une année en Provence, Provence toujours, Hôtel Pastis, Peter Mayle, 3 vol. (Nil Editions, 1998).

Œuvres complètes Marcel Pagnol, 3 vol. (Editions de Fallois).

Total Khéops, Chourmo, Soléa, Jean-Claude Izzo, 3 vol. (Série Noire, Gallimard, 1998).

La Baie des Anges, Max Gallo (collection Bouquins, Robert Laffont, 1998).

Romans et essais, Jean Giono (collection Classiques Modernes, Pochothèque).

Recettes

La bouillabaisse

Ingrédients (pour 6 personnes)

- 2 kg de poissons de roche (rascasse, grondin, saint-pierre, merlan, pageot, baudroie, girelle...)
- 2 ou 3 gousses d'ail
- 2 oignons émincés

- 2 ou 3 tomates pelées, huile d'olive
- 1 branche de fenouil, laurier, thym, persil
- Sel, poivre, safran.
- Tranches de pain grillé

Préparation

Eplucher les légumes et les émincer. Les mettre dans une marmite avec l'assaisonnement. Faire revenir à feu doux. Préparer le poisson, le couper en morceaux. Ajouter le poisson dans la marmite et faire revenir à feu vif. Verser environ 3 l d'eau bouillante et laisser bouillir pendant environ 10 min. Dresser le poisson sur un plat chaud et servir le bouillon avec les tranches de pain grillé. On peut aussi ajouter de la rouille.

➤ L'aïoli

Ingrédients (pour 6 personnes)

- 12 gousses d'ail
- Huile d'olive (à température ambiante)
- 8 œufs
- Sel, poivre, jus de citron
- 1 kg de morue salée
- 12 petites carottes
- 2 à 3 courgettes
- 1 pied de céleri
- 2 betteraves rouges
- 250 g de haricots mange-tout
- 1 chou-fleur
- 12 petites pommes de terre
- Une branche de fenouil
- Quelques grains de poivre

Préparation

Faire dessaler la morue pendant 12 h dans de l'eau froide. Eplucher les légumes. Les couper en morceaux et les faire bouillir (sauf les betteraves rouges) dans de l'eau salée. Faire durcir six œufs pendant 10 min. Pendant ce temps, piler l'ail dans un mortier, ajouter une pincée de sel et deux jaunes d'œufs.

Tourner régulièrement en ajoutant progressivement l'huile d'olive, pour « monter » la mayonnaise en pommade épaisse. Egoutter la morue. La mettre dans un fait-tout, la couvrir d'eau froide, ajouter le fenouil et les grains de poivre. La faire pocher pendant 10 min. Dresser la morue sur un grand plat, entourée des légumes. Servir avec les œufs durs et l'aïoli.

➤ La daube provençale

Ingrédients (pour 6 personnes)

- 1,5 kg de bœuf pour daube
- 200 g de lard fumé maigre
- 150 g de couenne
- 2 oignons, 2 carottes
- 2 tomates
- 3 gousses d'ail entières
- Thym, laurier, persil, sel, poivre
- 1/2 l de vin rouge
- 1 cuillerée à soupe d'huile d'olive

Préparation

Couper la viande en morceaux et la faire mariner pendant 12 h dans le vin rouge, avec un oignon coupé en quatre, une gousse d'ail, sel, poivre, thym, persil et laurier.

Dans une cocotte, faire revenir à feu vif le lard fumé coupé en dés. Ajouter un oignon et deux gousses d'ail hachés, puis l'huile d'olive, la couenne blanchie, les carottes coupées et les tomates épluchées. Faire roussir.

Disposer la viande et la faire revenir. Verser un verre de vin. Faire réduire. Ajouter un peu d'eau et laisser mijoter doucement pendant 4 à 5 h.
Servir dans une assiette chaude avec des pommes de terre vapeur.

Index

(A1) Localisation sur la carte de la région

Suite de l'index page 120

PROVENCE-ALPES-
CÔTE D'AZUR
0 à 200 mètres
200 à 500 mètres
500 à 1000 mètres
1000 à 2000 mètres
2000 à 3000 mètres
3000 à 4000 mètres
Supérieur à 4000 mètres
0 50 100 150 km
A
B
C
D
E
F
G
H
1
2
3
4
5
ARDÈCHE
DRÔME
HÉRAULT
ITALIE
HAUTES-ALPES
ALPES-DE-HAUTE-PROVENCE
VAUCLUSE
BOUCHES-DU-RHÔNE
VAR
ALPES-MARITIMES
Rhône
Drac
Durance
Var
Lac de Serre-Ponçon
Lac de Ste-Croix
Etang de Berre
La Grave
St-Chaffrey
Briançon
L'Argentière-la Bessée
QUEYRAS
St-Véran
Mte Viso
MASSIF DES ECRINS
La Bâtie-Neuve
Guillestre
Veynes
Gap
Chorges
Embrun
Tallard
Barcelonnette
Serres
Rosans
Pra-Loup
Orpierre
Colmars-les-Alpes
MERCANTOUR
Vaison-la-Romaine
Mont Ventoux
Sault
Orange
Carpentras
Sisteron
Digne
Tende
Avignon
Peyruis
Les Mées
St-André-des-Alpes
Annot
Puget-Théniers
Forcalquier
Breil-sur-Roya
L'Isle-sur-la-Sorgue
Apt
PLATEAU DE VALENSOLE
Castellane
Fontvieille
Cavaillon
Manosque
VERDON
Menton
MONACO
Les Baux-de-Provence
LUBERON
Gréoux-les-Bains
Grasse
Vence
Nice
Arles
Pertuis
Salon-de-Provence
Draguignan
Le Cannet
Vallauris
Antibes
Cannes
Istres
Aix-en-Provence
Ste-Victoire
Le Thoronet
CAMARGUE
St-Maximin-la-Ste-Baume
Fréjus
Stes-Maries-de-la-Mer
Martigues
Brignoles
St-Raphaël
Golfe du Lion
Aubagne
MASSIF DES MAURES
Marseille
Ste-Maxime
CÔTE D'AZUR
La Valette-du-Var
St-Tropez
Cap Croisette
Cassis
Cap Cartaya
MER MÉDITERRANÉE
Toulon
Hyères
Le Lavandou
ILES D'HYÈRES

GAGNEZ UN SUPERBE APPAREIL PHOTO !

Chers Lecteurs,

Nous espérons que vous avez passé un merveilleux séjour et que le guide MONDEOS vous a été d'une aide précieuse durant votre voyage.

Nous avons réalisé ce guide avec passion et sérieux. Toutefois, et dans un souci constant d'amélioration, nous souhaitons connaître votre opinion. Merci de nous retourner ce questionnaire par courrier à :

EDITIONS COMEX – SERVICE LECTEURS
88, bd de Charonne, 75020 Paris

Les meilleures suggestions d'adresses de restaurants, boutiques... recevront gratuitement un superbe appareil photo jetable Mondéos Kodak avec Flash !

A vos plumes !

QUI ÊTES-VOUS ?

☐ Mme ☐ Mlle ☐ M.

Nom ____________________

Prénom ____________________

Adresse ____________________

____

____

____

AGE

☐ 15-24 ☐ 25-34 ☐ 35-44
☐ 45-54 ☐ 55-64 ☐ 65 ans et +

PROFESSION

☐ Employé
☐ Agent de maîtrise
☐ Cadre
☐ Cadre supérieur
☐ Autre ____________________

VOUS ET LES GUIDES MONDEOS

Comment vous êtes-vous procuré ce guide ?

☐ Agence de voyage ☐ Librairie

Autre ____________________

Votre avis sur le guide

(préciser le titre concerné) ____________________

Cochez la case de votre choix selon les critères suivants (une seule réponse possible) :

Très satisfait (1) Satisfait (2) Peu satisfait (3)

	1	2	3
Le format du guide	☐	☐	☐
La mise en page	☐	☐	☐
Le contenu rédactionnel	☐	☐	☐
La qualité des informations	☐	☐	☐
La quantité d'informations	☐	☐	☐
La qualité des photos	☐	☐	☐
La quantité de photos	☐	☐	☐
La clarté des cartes	☐	☐	☐
Les adresses proposées	☐	☐	☐
L'intérêt informatif des publicités	☐	☐	☐

Avez-vous lu des informations obsolètes ou insuffisantes ?

☐ Oui ☐ Non

Si oui, lesquelles ____________________

____

____

____

Avez-vous découvert durant votre voyage des adresses qui mériteraient de figurer dans la prochaine édition ?

☐ Oui ☐ Non

Si oui, lesquelles ____________________

____

____

____

Achèteriez-vous d'autres titres de cette collection en librairie ?

☐ Oui ☐ Non

Pour les guides achetés en librairie, les 6 cartes postales offertes ont-elles motivé votre achat ?

☐ Oui ☐ Non

Les avez-vous utilisées ?

☐ Oui ☐ Non

N'hésitez pas à nous faire part de vos remarques et suggestions sur papier libre. Nous les étudierons avec attention et les prendrons en considération, le cas échéant, lors de la réédition de ce guide.

Merci de votre collaboration.

Toutes les données demeurent confidentielles et ne peuvent en aucun cas être utilisées à des fins publicitaires ou autres.

Index